# Die Umstellung auf Gold in der Selbstkosten- und Preisberechnung und in der Bilanzierung

(Goldrechnung und Goldbilanz)

Von

**Otto Schulz-Mehrin**

Ingenieur

Mit 3 Abbildungen
im Text

Springer-Verlag Berlin Heidelberg GmbH
1924

ISBN 978-3-662-27392-0 ISBN 978-3-662-28879-5 (eBook)
DOI 10.1007/978-3-662-28879-5

# Vorwort.

Den Anlaß zu dieser Schrift gaben einige Aufsätze über Selbstkostenberechnung, die der Verfasser auf Grund seiner Tätigkeit beim Reichsverbande der Deutschen Industrie und beim Verein Deutscher Maschinenbau-Anstalten in den Organen dieser Verbände, insbesondere in der Zeitschrift „Maschinenbau", Abteilung Wirtschaft, veröffentlichte. Es wurde angeregt, diese Aufsätze im Zusammenhang herauszugeben. Die Verwirklichung dieser Anregung ließ es dann zweckmäßig erscheinen, die ursprünglichen Veröffentlichungen durch Ausführungen über die Preisberechnung und Kaufpreiszahlung zu ergänzen, also das gesamte Gebiet der Kostenermittlung, Preisberechung und Kaufpreiszahlung zu behandeln. Die erörterten Verfahren bezwecken zwar in erster Linie eine Anpassung an die durch die Geldentwertung entstandenen Verhältnisse. Sie sind darüber hinaus aber allgemein anwendbar in Zeiten, in denen sich Kosten und Preise stark ändern, mag die Ursache hierfür die Geldentwertung oder eine andere, z. B. eine starke Sachteuerung sein. Sie sind denn auch im Grunde schon früher, schon vor dem Kriege, angewendet worden, um ungewöhnlichen — damals ungewöhnlichen — Preisänderungen Rechnung zu tragen. Die starken Preisänderungen der Nachkriegszeit haben eigentlich nur eine Weiterentwicklung und Vervollkommnung dieser Verfahren gebracht. Da die wirtschaftlichen Verhältnisse infolge des Krieges noch längere Zeit in tiefgreifender Umbildung begriffen sein werden, werden wir auch weiterhin mit starken Preisänderungen, die eine Anwendung jener Verfahren notwendig machen, rechnen müssen.

Im allgemeinen werden die Berechnungsverfahren an dem Beispiel der Papiermark gezeigt. Die Verfahren gelten jedoch auch für jedes andere Zahlungsmittel, auch für echte Goldmark und Golddevisen insofern, als sich auch in diesen die Warenpreise ändern, z. B. zur Zeit 1,5 bis 2 mal so hoch sind wie vor dem Kriege. Sogar von dem Dollar, der uns als der Inbegriff der Wertbeständigkeit erscheint, sagen die Amerikaner, ähnlich wie wir von unserer Papiermark, daß sein Wert so stark schwanke, daß hierauf bei der Kosten- und Preisberechnung Rücksicht genommen werden müsse. Erst recht ist dies natürlich notwendig, soweit unsere verschiedenen Zahlungsmittel Wertänderungen gegenüber echten Goldzahlungsmitteln aufweisen, auch wenn diese Abweichungen nicht in dem offiziellen Kurse, sondern vielleicht in einer Verschiedenheit des Warenpreises, z. B. verschiedenem Rabatt je nach dem Zahlungsmittel, zum Ausdruck kommen.

Während der Drucklegung trat die Frage der Goldbilanz in den Vordergrund. Da auch hierbei, besonders bei der Aufstellung einer Erfolgsbilanz in Gold, die gleichen Grundsätze und Rechnungsverfahren wie bei der Selbstkosten- und Preisberechnung zur Anwendung kommen, so wurden beide Gebiete im Zusammenhang dargestellt. Bei den Ausführungen über Goldbilanzen stützt sich der Verfasser auf eingehende Verhandlungen, die im Reichsverbande der Deutschen Industrie über die Aufstellung von Goldbilanzen geführt wurden. Die Verordnung über Goldbilanzen vom 28. Dezember 1923 ist in der Darstellung berücksichtigt.

Berlin-Schlachtensee, im Januar 1924.

**Der Verfasser.**

# Inhaltsübersicht.

Erster Teil.

# Die Umstellung auf Gold in der Selbstkosten- und Preisberechnung (Goldrechnung).

## I. Einleitung: Die Wirkung der Geldwertänderung auf Kosten- und Preisberechnung.

Die unterschiedlichen Wertänderungen unserer verschiedenen Zahlungsmittel, Papiermark, Goldanleihe, Dollarschatzanweisung, Rentenmark, machen es unmöglich, die bisherigen Verfahren der Kostenermittlung, Preisberechnung und Kaufpreiszahlung in gewohnter Weise beizubehalten. Diese Verfahren brauchen jedoch nicht grundsätzlich geändert zu werden, sondern es handelt sich nur darum, die nach den bisherigen weiter gültigen Grundsätzen ermittelten Kosten und Preise umzurechnen.

Werden z. B. für die Herstellung eines Gegenstandes zu verschiedenen Zeiten Rohstoffe gekauft und Löhne aufgewendet, wurden etwa

am 1. August 1923: 5000000 M. für Rohstoffe,
„ 8. August 1923: 2000000 „ „ Löhne,
„ 15. August 1923: 3000000 „ „ Löhne

ausgegeben, so wäre es falsch, wenn man diese Beträge einfach addieren und sagen wollte, die Herstellung des Gegenstandes habe 10000000 M. gekostet, denn die Mark hatte an den angegebenen Tagen ganz verschiedenen Wert. Eine Addition ist erst möglich, wenn die in verschiedenwertiger Mark ausgedrückten Beträge in Mark von gleichem Werte umgerechnet worden sind. Oder werden, wie es neuerdings mehr und mehr vorkommt, für eine bestimmte Ware an dem gleichen Tage etwa 100 „Goldmark“ gefordert, die in Papiermark oder Goldanleihe voll zu bezahlen sind, auf die bei Zahlung in Rentenmark aber 10%, bei Zahlung in Devisen 20% Rabatt gewährt werden, so ist der Preis in Wahrheit 100 Billionen Papiermark (bei einem Dollarkurse von

4,2 Billionen Papiermark) oder $\frac{100}{4,2} = 24$ Dollar Goldanleihe oder 90 Rentenmark, oder $\frac{80}{4,2} = 19$ amerikanische Dollar.

Sieht man den amerikanischen Dollar als wirklich goldwertes Zahlungsmittel an, so ist der Preis letzten Endes $\frac{80}{4,2} = 19$ Golddollar oder 80 echte (Dollar-) Goldmark. Auch in diesem Falle muß also je nach dem Zahlungsmittel eine Umrechnung auf einen einheitlichen Wertmesser erfolgen. Ebenso wäre dies notwendig, wenn etwa die verschiedenen vorerwähnten Zahlungsmittel einen verschiedenen Kurs hätten. Im Grunde ist ja der mehr oder weniger hohe Rabatt auf die verschiedenen Zahlungsmittel nur der Ausdruck verschiedener Bewertung trotz einheitlichen offiziellen Kurses (Dezember 1923).

Gleichwertrechnung und Goldrechnung. Die notwendige Umrechnung kann entweder in Mark von bestimmtem Werte, d. h. bestimmter Kaufkraft, oder in eine fremde stabile Währung, z. B. Dollar, Pfund, Gulden, erfolgen. Als Mark von bestimmtem Wert kommt entweder die Mark an einem bestimmten, an sich beliebigen Tage nach dem Kriege, oder die vor dem Kriege geltende Mark, die Goldmark, in Betracht. Man kann etwa die in obigem Beispiele angegebenen, in verschiedenwertiger Mark an verschiedenen Tagen, nämlich dem 1. August, 8. August und 15. August 1923, gemachten Aufwendungen sämtlich auf den 1. August, oder den 8. August, oder den 15. August umrechnen. Man kann sie aber auch sämtlich in Vorkriegsgoldmark (Mark vom 1. Juli 1914) oder schließlich auch in fremde Währung umrechnen. In ersterem Falle, Umrechnung in eine bestimmte Papiermark, spricht man von Gleichwertrechnung. Die Umrechnung in Vorkriegsgoldmark oder eine fremde stabile (Gold-) Währung bezeichnet man als Goldrechnung. Alle Umrechnungsweisen stimmen grundsätzlich überein und führen, richtig angewendet, zu einem richtigen Ergebnis. Welche Form gewählt wird, hängt von dem jeweiligen Zweck der Umrechnung ab. Hierauf wird später noch näher eingegangen werden.

Vielfach werden mit dem Begriff der Goldrechnung auch Maßnahmen, wie die Einführung von Goldkonten, von wertbeständigen Krediten, ja die Stabilisierung des Geldes selbst, verbunden, obgleich es sich hierbei nicht, wie bei der Goldrechnung, um etwas Formales, sondern um materielle wirtschaftliche Maßnahmen handelt, die mit der Goldrechnung nur insofern etwas zu tun haben, als diese dazu dienen kann, jene Maßnahmen mit der zur Zeit bestehenden Papiergeldwirtschaft rechnerisch zu verknüpfen. Der zunächst rein formale Vorgang der Goldrechnung kann allerdings mittelbar wichtige materiell-wirtschaftliche Wirkungen zeitigen, wie aus den späteren Ausführungen hervorgehen wird (Wiederherstellung von Recht und Billigkeit im Geschäftsverkehr, Ausgleich der Einkommenverhältnisse, Rationalisierung der Wirtschaft).

Andererseits wird unter Goldrechnung vielfach nur die wertbeständige Berechnung des Kaufpreises, oder noch enger, die Zahlung des Preises in fremder Währung oder entsprechend dem Markkurse verstanden. Diese Begrenzung ist jedoch nicht richtig. Denn genau das gleiche Verfahren, das bei der Preisberechnung angewendet wird, kommt auch bei der Kostenberechnung zur Anwendung.

In dieser Schrift sollen dementsprechend die Verfahren der Gleichwert- bzw. Goldrechnung sowohl für die Kostenermittlung als auch Preisberechnung und Kaufpreiszahlung behandelt werden. Auf die obenerwähnten Maßnahmen (Goldkonten, Goldkredite u. dgl.) wird jedoch nicht eingegangen.

Die Behandlung der Kostenermittlung im Zusammenhang mit der Preisberechnung und Kaufpreiszahlung erscheint um so notwendiger, als die Kostenermittlung, heute mehr noch als früher, die Grundlage der Preisbildung ist. Da es heute auf den meisten Gebieten keinen Marktpreis mehr gibt, so wird der Preis fast allgemein auf Grund der Gestehungskosten bestimmt; wenigstens wird dies allgemein als grundsätzlich richtig und notwendig anerkannt. Man ist allerdings vielfach der Ansicht, daß eine auch nur einigermaßen richtige Kostenberechnung unter den heutigen Verhältnissen praktisch unmöglich sei, und begründet diese Unmöglichkeit damit, daß die Buchungen und sonstigen Aufschreibungen der Kosten infolge der Geldwertänderung schon ganz kurze Zeit nach ihrer Niederschrift, vielleicht schon am nächsten Tage, nicht mehr richtig seien. Aber das eben ist der Zweck der hier zu behandelnden Verfahren, daß sie die Buchungen und sonstigen Aufschreibungen von Geldbeträgen entsprechend der Geldwertänderung berichtigen sollen. Diese Verfahren machen eine Selbstkostenberechnung nach den bisherigen Grundsätzen wieder möglich. Sie bedeuten zwar eine gewisse Mehrarbeit, aber diese muß, wie auf anderen Gebieten der Geldwirtschaft so auch bei der Kostenermittlung und Preisberechnung, als notwendiges Übel einstweilen in Kauf genommen werden.

## II. Wertziffern und Markkurs als Mittel der Gleichwert- oder Goldrechnung.

Was sind Wertziffern? Der Wert der Mark, wie überhaupt des Geldes, drückt sich in seiner Kaufkraft aus. Sollen Geldbeträge in Mark von verschiedenem Wert auf einen einheitlichen Nenner gebracht werden, indem sie in Goldmark (Vorkriegsmark) oder in eine stabile fremde Währung umgerechnet werden, so muß die jeweilige Kaufkraft der Mark (Papiermark) mit der Kaufkraft der Goldmark oder der fremden Währung verglichen werden. Das geschieht, indem der heutige Preis eines Gegenstandes oder einer Leistung mit dem Preise vor dem Kriege verglichen wird. War z. B. der Preis für 1 kg Eisen vor dem Kriege 0,10 M. und war er am 1. August 1923 20000 M., so war die Kaufkraft der Mark am 1. August 1923 nur $\frac{1}{200000}$ der Kaufkraft der Mark vor dem Kriege, der Goldmark. Oder es gilt

$$\frac{\text{Kaufkraft der Mark für Eisen am 1. August 1923}}{\text{Kaufkraft der Mark für Eisen vor dem Kriege}} = \frac{\text{Preis des Eisens am 1. August 1923}}{\text{Preis des Eisens vor dem Kriege}} = \frac{20000}{0{,}10} = 200000.$$

Die das Kaufkraftverhältnis der Papiermark und der Goldmark vor dem Kriege ausdrückende Ziffer wird als Wertziffer, Kennziffer, Meßziffer, Index, Faktor, Multiplikator bezeichnet[1]), und es gilt allgemein

$$\text{Wertziffer an einem bestimmten Tage (Stichtage)} = \frac{\text{Preis am Stichtage}}{\text{Preis vor dem Kriege}}.$$

Verschiedenheit der Wertziffern. Bei dem Vergleich der heutigen und der früheren Preise ergibt sich, daß sich die Preise verschiedener Waren verschieden geändert haben und sich auch jetzt noch verschieden ändern. So war am 1. August 1923 die Eisenwertziffer 200000, die Kupferwertziffer 250000, letztere also um 25% höher als erstere; am 8. August war dagegen die Eisenwertziffer 500000 und die Kupferwertziffer 1660000, letztere also um etwa 230% höher als erstere.

Der Markkurs als Wertziffer. Vor allem sind für Waren, die im Inlande erzeugt werden, die Wertziffern verschieden von denen für Waren, die aus dem Auslande eingeführt werden, wozu

[1]) Für die in dieser Schrift vorkommenden Bezeichnungen und Begriffe vgl. Anhang, Teil A.

auch die Ware „Ausländisches Geld“ gehört[1]). Die Kaufkraft der Mark für ausländisches Geld wie für ausländische Waren, die äußere Kaufkraft der Mark, drückt sich im Kurse aus, d. h. in dem Verhältnis, welches angibt, wieviel Mark für eine bestimmte ausländische Geldeinheit zu zahlen sind; und das Kaufkraftverhältnis zwischen früher und jetzt, die Wertziffer für ausländisches Geld, meist Kursfaktor genannt, ergibt sich aus dem früheren und dem jetzigen Kurse, also

$$\text{Kursfaktor an einem bestimmten Tage (Stichtage)} = \frac{\text{Markkurs am Stichtage}}{\text{Markkurs vor dem Kriege}}.$$

Der Kurs und der Kursfaktor sind für die Währungen verschiedener Länder verschieden, je nachdem, ob auch in dem in Betracht gezogenen Lande eine Geldentwertung eingetreten ist oder nicht.

Außer der eben erwähnten absoluten Verschiedenheit der inneren und der äußeren Kaufkraft der Mark bestehen auch zeitliche Unterschiede in der Entwicklung. Erfahrungsgemäß bleibt die Änderung der inneren Kaufkraft der Mark hinter der Änderung der äußeren Kaufkraft zurück.

Sinkt die äußere Kaufkraft, so sinkt zwar auch die innere Kaufkraft, aber weniger schnell als erstere; steigt die äußere Kaufkraft, oder bleibt sie auch nur zeitweilig unverändert, so holt die innere Kaufkraft zunächst nach, was sie vorher zurückgeblieben war, und schießt dann sogar vielfach etwas vor, so daß für manche Waren die äußere Kaufkraft zeitweilig höher war als die innere.

Die Verschiedenheit der Wertziffern und ihre verschiedene Entwicklung ist in Abb. 1 (auf Seite 6) dargestellt. Diese Abbildung gibt den Verlauf der Wertziffern (Vielfachen gegenüber 1914) für den Dollar (Dollarkurs), für den Lohn und für Roheisen (Hämatit) während der ersten Hälfte des Jahres 1923 in logarithmischen Ordinaten wieder. Die Wertziffer für den Lohn ist zwar durchweg kleiner als der Kursfaktor, aber immer, wenn der Dollarkurs stärker steigt, wie im Januar und von Mitte April bis Ende Mai, dann ändert sich das Verhältnis noch mehr zuungunsten des Lohnes, während bei fallendem oder stabilem Dollarkurs die Lohnziffer sich dem Kursfaktor nähert, so in der Zeit vom 1. Februar bis 15. April. Ähnlich verläuft die Entwicklung der Wertziffer für Roheisen (Hämatit). Diese ist, im Gegensatz zur Lohnziffer, meist größer als der Kursfaktor, so Anfang Januar und von Anfang Februar an. Sie hat sich im Januar verhältnis-

[1]) Diese Verschiedenheit hat ihre Ursache vor allem in der künstlichen Niedrighaltung des Preisstandes in Deutschland durch Zwangswirtschaft und Preistreibereiverordnungen. Sie ist mit eine Hauptursache unserer Verarmung durch zu billige Ausfuhr.

mäßig schnell dem Kursfaktor angepaßt, ist von Anfang bis Mitte Februar zunächst noch gestiegen und dann konstant geblieben, während der Kurs gefallen ist; während der Stabilisierungsperiode von Mitte Februar bis Mitte April laufen Eisenpreis und Kurs im wesentlichen gleich; beim Steigen des Kurses von Mitte April an bleibt der Eisenpreis hinter der Kursentwicklung zurück, vorübergehend ist sogar die Eisenziffer kleiner als der Kursfaktor, nämlich Mitte Juni, von hier an eilt aber der Eisenpreis wieder vor.

Anwendung der Wertziffern. Aus den bisherigen Ausführungen ergibt sich, daß es nicht angängig ist, die Goldrechnung,

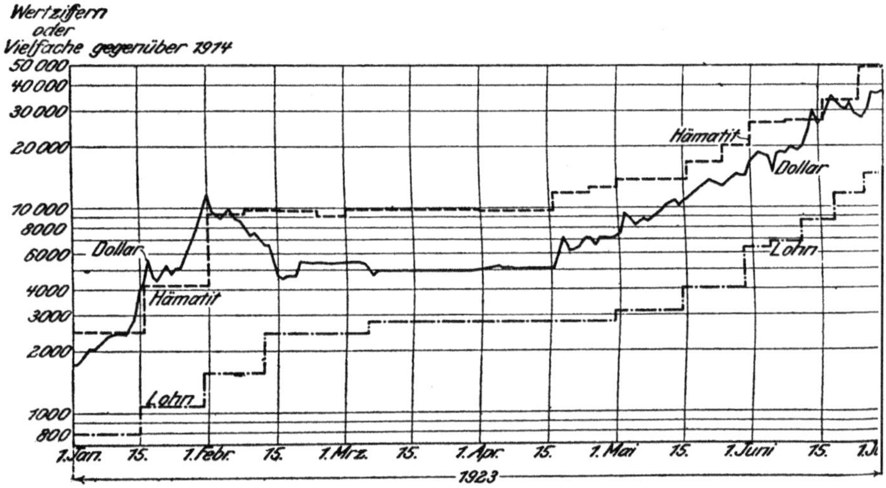


Abb. 1. Ungleichmäßige Entwicklung der Wertziffern.

d. h. die Umrechnung von Papiermark verschiedener Kaufkraft in Gold, mit einer einheitlichen Wertziffer vorzunehmen. Handelt es sich um Umrechnung im Inlande, so muß sie mit der jeweils in Betracht kommenden Wertziffer erfolgen. Ist z. B. der Preis für Eisen in Gold auszudrücken, so muß der Papiermarkpreis mit der Eisenwertziffer umgerechnet werden. Ist Lohn umzurechnen, so gilt die Lohnwertziffer usw. Handelt es sich um Umrechnung im Hinblick auf das Ausland, z. B. für Ein- oder Ausfuhr, so tritt an die Stelle verschiedener Wertziffern allerdings für jedes Ausland eine einzige, nämlich der Kursfaktor. Keinesfalls ist es richtig, die Umrechnung im Hinblick auf das Ausland mit inländischen Wertziffern vorzunehmen; ebensowenig aber ist der Kursfaktor richtig für die Umrechnung im Inlande, z. B. für die Berechnung inländischer Verkaufspreise auf Grund inländischer Gestehungskosten, abgesehen von solchen Fällen, wo die inländische Wertziffer dem Kursfaktor entspricht, wie z. B. bei Baumwolle und Kupfer.

Richtig würde die Umrechnung mit einer einheitlichen Wertziffer dann sein, wenn diese Wertziffer tatsächlich die Kaufkraftänderung der Mark für alle Dinge richtig angeben, wenn sich alle Preise, auch Löhne, Gehälter, Frachten, Steuern, kurz alle Geldforderungen, entsprechend dieser Ziffer ändern würden, wenn z. B. alle Preise, Löhne usw. mit dem Großhandelsindex oder mit dem Goldankaufspreis der Reichsbank oder auch mit dem Markkurse gehen würden. Auf diese Frage wird im letzten Abschnitt noch näher eingegangen werden.

Solange aber in Deutschland die Preise der verschiedenen Dinge, die Löhne, die Frachten usw. sich nach den verschiedensten Maßstäben ändern bzw. die Änderung nur durch verschiedene Wertziffern ausgedrückt werden kann, ist eine Goldrechnung über eine einzige Wertziffer sachlich falsch und volkswirtschaftlich schädlich. Hieraus geht auch hervor, daß es nicht richtig ist, wie es häufig geschieht, nur die Umrechnung über den Markkurs als Goldrechnung zu bezeichnen, sondern daß die Umrechnung über Wertziffern ebensogut Goldrechnung sein kann, und daß die richtige Goldrechnung im Inlande einstweilen überhaupt nur über angepaßte Wertziffern erfolgen kann. Im übrigen wird die Frage, Goldrechnung über den Markkurs oder Goldrechnung über Wertziffern, in der weiteren Darstellung noch erörtert werden.

Zerlegung der Wertziffer; nominelle und Sachteuerung. Bei der Ermittlung der Wertziffern in der angegebenen Weise wird keine Rücksicht darauf genommen, daß die gegenwärtige Preissteigerung zwei verschiedene Ursachen hat. Deren eine besteht darin, daß heute weniger und unrationeller gearbeitet wird als früher (Verkürzung der Arbeitszeit, Rückgang der Arbeitsleistung, Vermehrung der unproduktiven, insbesondere der Verwaltungsarbeit in Staat und Wirtschaft u. a.). Diesen preissteigernden Ursachen wird allerdings entgegengewirkt durch den künstlichen Preisdruck der Zwangswirtschaft, durch das Zurückbleiben der Arbeitsentlohnung und einiger anderer Bestandteile der Gestehungskosten. Die auf diesen Ursachen beruhende Preisänderung wird als Sach- oder Realteuerung oder Teuerung von der Warenseite her bezeichnet. Die andere Ursache der Preisänderung ist die Änderung des Geldwertes, vor allem die Verschlechterung unseres Geldes. Die hierdurch hervorgerufene Preissteigerung, die sog. nominelle Teuerung oder Teuerung von der Geldseite, ist nichts weiter als der umgekehrte Ausdruck der Geldentwertung. Beides,

Sachteuerung und nominelle Teuerung, werden bisher meist in einem Teuerungsfaktor oder einer Wertziffer zusammengefaßt.

Nachdem man zur Goldrechnung übergegangen ist, wird außerdem noch eine Goldteuerung unterschieden, indem zum Ausdruck gebracht wird, daß die Waren auch in Gold teurer geworden sind, daß z. B. die Warenpreise, in Gold ausgedrückt, zur Zeit 1,5- bis 2mal so hoch sind wie vor dem Kriege. Z. B. kostete Eisen, das vor dem Kriege 0,10 Goldmark kostete, im Dezember 1923 etwa 0,20 Goldmark. Man spricht hier von einem Gold-Teuerungsfaktor oder kurz Goldfaktor; der Goldfaktor für Eisen war also im Dezember 1923 gleich 2.

Diese Goldteuerung darf nicht mit der vorerwähnten Sachteuerung verwechselt werden. Vielmehr setzt sich auch die Goldteuerung aus der Sachteuerung (auf Grund der angegebenen Ursachen) und einer Teuerung auf Grund der Verringerung der Kaufkraft des Goldes zusammen.

Die Goldteuerung läßt sich leicht berechnen, indem der Preis einer Ware in einem beliebigen Zahlungsmittel (Papiermark, Goldanleihe, Rentenmark od. a.) durch den Goldkurs dieses Zahlungsmittels, d. h. dessen Kaufkraft für Gold, dividiert wird. Dagegen ist es sehr schwierig, die Goldteuerung in Sachteuerung und Gold- (nicht Geld-) Entwertungsteuerung zu zerlegen. Man muß zu diesem Zweck feststellen, welchen zahlenmäßigen Einfluß die obenerwähnten Ursachen (Rückgang der Arbeitsleistung, Vermehrung der unproduktiven Arbeit u. a.) auf die Preissteigerung der Waren haben; und dieser Einfluß läßt sich kaum exakt berechnen, sondern bestenfalls schätzen.

## III. Kostenermittlung bei veränderlichem Geldwerte.

Im Hinblick auf die Geldentwertung sind bei den Selbstkosten oder Gestehungskosten zu unterscheiden:

A. die nominellen oder buchmäßigen Gestehungskosten,
B. die tatsächlichen Gestehungskosten,
C. die Tagesgestehungskosten,
D. die Wiederbeschaffungskosten.

### A. Die nominellen oder buchmäßigen Gestehungskosten.

Diese ergeben sich, wenn die Aufwendungen so, wie sie bisher allgemein gebucht oder sonst aufgeschrieben wurden, nämlich in Mark, d. h. in der am Tage der Aufwendung geltenden Mark (Papiermark), ohne weiteres addiert werden. Bei dieser Berechnung wird angenommen, daß Mark gleich Mark ist, eine Fiktion, die zwar vom Staate und der Rechtsprechung vielfach noch aufrechterhalten wird, die aber wirtschaftlich falsch ist. Wenn beispielsweise zur Herstellung eines Gegenstandes folgende Aufwendungen gemacht wurden:

| | | | | |
|---|---|---|---|---|
| am 1. Aug. 1923 | bei einem Dollarkurs v. | 1,1 Mill. | f. Material | 1000000 M. |
| „ 8. Aug. 1923 | „ „ „ | „ 4,8 „ | „ „ | 3000000 „ |
| „ 15. Aug. 1923 | „ „ „ | „ 2,6 „ | „ Lohn | 500000 „ |

so würden die nominellen, gebuchten Material- und Lohnkosten . . . . . . . . . . . . . . . . . . . . . . . . . . 4500000 M.

betragen. Die Aufwendungen sind aber in ganz verschiedenwertiger Mark erfolgt. Die Mark vom 1. August war etwa viermal soviel wert, wie die Mark vom 8. August, aber nur reichlich doppelt soviel wert wie die Mark vom 15. August. Das Zusammenzählen dieser verschiedenen Mark ist ebenso falsch, wie wenn man vor dem Kriege etwa 1000000 Dollar, 3000000 M. und 500000 Rubel addiert und behauptet hätte, die Summe wäre gleich 4500000 M.

Die Berechnung nomineller Gestehungskosten, d. h. die auf Buchung der nominellen Markaufwendungen beruhende Kostenberechnung, ist also einfach sinnlos. Trotzdem kommt es immer noch vor, daß bei Lieferverträgen die buchmäßig oder urschriftlich nachweisbaren Selbstkosten als Grundlage der Preisberechnung vereinbart werden. Fast regelmäßig führen solche Vereinbarungen dann zu einem Streit darüber, wie die Selbstkosten zu berechnen sind. Solche Streitigkeiten können von der Rechtsprechung, solange diese an der Fiktion Mark gleich Mark festhält, kaum anders als zuungunsten des Lieferers entschieden werden. Auf jeden Fall sollte bei Lieferverträgen, bei denen die Selbstkosten als Grundlage der Preisberechnung vereinbart werden, klar zum Ausdruck gebracht werden, wie die Selbstkosten berechnet werden sollen. Gesichtspunkte hierfür in folgendem.

## B. Die tatsächlichen, d. h. die wirklich aufgewendeten Gestehungskosten.

Diese ergeben sich, indem die in verschiedenwertigen Papier- oder auch in verschiedenwertigen Goldmark-Zahlungsmitteln gezahlten und gebuchten Aufwendungen auf einen einheitlichen Nenner gebracht, d. h. auf den Markstand an einem bestimmten Tage (Stichtage) umgerechnet werden. Es handelt sich also hier zunächst um eine Gleichwertrechnung.

Dieser Stichtag kann an sich beliebig gewählt werden. Wenn es sich darum handelt, festzustellen, welchen Wert die Aufwendungen in derjenigen Papiermark haben würden, in der sie mit dem Kaufpreis erstattet werden — und hierauf kommt es in der Praxis meist an — so ist als Stichtag der Tag der Zahlung des Kaufpreises zu wählen. Dieser Tag oder der Wert der Mark an diesem Tage ist aber bei der Ermittlung der Gestehungskosten in der Regel noch nicht bekannt. Man rechnet deshalb vielfach zunächst auf einen ein für allemal feststehenden Stichtag bzw. Markwert um und wählt hierfür die Zeit vor dem Kriege und die damals geltende Goldmark. Man rechnet also zunächst auf Vorkriegsgoldmark um. Hierdurch wird die Ermittlung der tatsächlichen Gestehungskosten aus einer Gleichwertrechnung zur Goldrechnung. Aus der Goldmark kann dann jederzeit mit Hilfe der jeweils geltenden Wertziffern auf Mark (Papiermark) an einem beliebigen Stichtage umgerechnet werden. Ein Beispiel (Zahlentafel 1) mag das Verfahren zeigen.

Zahlentafel 1.

| Aufwendung | | | Wertziffer (Vielfaches gegenüber 1914) | Über Wertziffer umgerechneter Betrag | |
|---|---|---|---|---|---|
| Zeitpunkt | Art | Nomineller Betrag | | in Goldmark (Vorkriegsmark) | in Papiermark am Stichtage (23. Aug. 1923) |
| 1. Aug. 1923 | Kupfer | 1 000 000 | 250 000 | 4,— | 5 500 000 |
| 8. Aug. 1923 | Eisen | 3 000 000 | 500 000 | 6,— | 3 100 000 |
| 8. Aug. 1923 | Lohn | 500 000 | 365 000 | 1,40 | 1 500 000 |
| 15. Aug. 1923 | Lohn | 500 000 | 600 000 | 0,80 | 900 000 |
| 23. Aug. 1923 Stichtag | | 5 000 000 | Kupfer 1 380 000<br>Eisen 510 000<br>Lohn 1 080 000 | 12,20 | 11 000 000 |

Allgemein gelten die Gleichungen:

$$\text{Tatsächliche Aufwendung in Vorkriegs-Goldmark} = \frac{\text{Nominelle Aufwendung}}{\text{Wertziffer am Tage der Aufwendung}}.$$

$$\text{Tatsächl. Aufwendung in Papiermark für einen beliebigen Stichtag} = \text{Nominelle Aufwendung} \times \frac{\text{Wertziffer am Stichtag}}{\text{Wertziffer am Aufwendungstag}}.$$

Umrechnung über Wertziffern. Wenn die Aufwendungen im Inlande in Mark erfolgen, so darf die Umrechnung von einem Markstande in einen anderen — mag dies der Markstand vor dem Kriege (Goldmark) oder an einem Tage der Gegenwart (Papiermark) sein — nur mit Hilfe von Wertziffern erfolgen, die diese verschiedenen Mark vergleichen, nicht aber, wie es zuweilen geschieht, mit Hilfe des Markkurses, der ja nicht die Kaufkraft der

Mark im Inlande, sondern im Auslande angibt. Für jede Aufwendung ist die einschlägige Wertziffer anzuwenden, für die Beschaffung von Eisen die Wertziffer für Eisen, für die Beschaffung von Rotguß die Wertziffer für Rotguß, für die Bezahlung von Lohn die Wertziffer für Lohn usw.

Umrechnung über den Kurs. Die Wertziffer kann unter Umständen gleich dem Kursfaktor sein, z. B. bei Rohstoffen, die wie Kupfer, Baumwolle u. a. aus dem Auslande eingeführt und in ausländischer Währung bezahlt werden müssen. Hier entsteht die Aufwendung gewissermaßen im Auslande, und es ist deshalb auch die Kaufkraft der Mark im Auslande maßgebend. Die einheitliche Umrechnung aller Aufwendungen über den Kurs muß dagegen so lange als grundsätzlich falsch bezeichnet werden, wie die Gestehungskosten und die Preise im Inlande nicht tatsächlich dem Kurse völlig folgen. Im übrigen wird diese Frage später noch behandelt werden. Zu wie verschiedenen Ergebnissen die Umrechnung über verschiedene angepaßte Wertziffern und die einheitliche Umrechnung über den Markkurs führen, zeigt Zahlentafel 2, in der die gleichen nominellen Beträge wie in Zahlentafel 1 über den Dollarkurs umgerechnet werden. Eine Goldmark wurde hierbei, entsprechend dem Vorkriegskurse, gleich $\frac{1}{4,2}$ Dollar gesetzt (Dollar-Goldmark).

Zahlentafel 2.

| Aufwendung | | | Kursfaktor (Dollarkurs) | Über Kursfaktor umgerechneter Betrag | |
|---|---|---|---|---|---|
| Zeitpunkt | Art | Nomineller Betrag | | in Dollar-Goldmark | in Papiermark am Stichtage (23. Aug. 1923) |
| 1. Aug. 1923 | Kupfer | 1000000 | 260000 | 3,80 | 4400000 |
| 8. Aug. 1923 | Eisen | 3000000 | 1140000 | 2,65 | 3000000 |
| 8. Aug. 1923 | Lohn | 500000 | 1140000 | 0,45 | 500000 |
| 15. Aug. 1923 | Lohn | 500000 | 620000 | 0,80 | 920000 |
| 23. Aug. 1923 | | 7100000 | 1140000 | 7,70 | 8820000 |

Was hier für Papiermark ausgeführt wurde, gilt auch für Goldzahlungsmittel, die nicht wirklich gleichwertig mit Gold sind (Goldanleihe).

Die Ermittlung der tatsächlichen Gestehungskosten kann ganz in der bisher üblichen Weise der Nachrechnung erfolgen. Alle Aufwendungen werden wie bisher beim Entstehen gebucht oder sonst aufgezeichnet, nur daß jede Aufwendung sofort mittels der in Betracht kommenden Wertziffer in Goldmark (Vorkriegsmark) umgerechnet wird. Dabei können Papiermark (nominelle Aufwendungen) und Goldmark (tatsächliche Aufwendungen) überall nebeneinander verzeichnet werden. Das weitere Verfahren für die Behandlung der einzelnen Aufwendungen bleibt genau wie bisher.

Wurde z. B. am 8. August 1923 Stabeisen eingekauft und hierfür der Betrag von 3000000 M. (Papiermark) bezahlt, so war dieser Betrag sofort bei Bezahlung in Goldmark (Vorkriegsmark) umzurechnen, indem der Papiermarkbetrag durch die am 8. August 1923 für Stabeisen geltende Wertziffer von 500000 dividiert wurde, was 6 Goldmark ergibt. Oder wurden am 8. August 1923 500000 M. (Papiermark) Lohn bezahlt, so macht das, da die Wertziffer für Lohn am 8. August 1923 gleich 365000 war, 1,40 Goldmark. Sind beide Aufwendungen für den gleichen Gegenstand erfolgt, so ergibt sich als Summe der Aufwendungen 7,40 Goldmark.

Durch dieses Verfahren ist übrigens auch die lange Zeit umstrittene Frage der Behandlung vorrätigen Materials in der Selbstkostenberechnung gelöst. Alles Material wird sofort beim Einkauf (bei der Bezahlung) mittels der jeweils geltenden Wertziffer in Goldmark umgerechnet und steht hiermit zu Buch (wobei nichts im Wege steht, gleichzeitig auch den gezahlten Papiermarkbetrag zu buchen). Wird das Material verwendet, so wird es mit seinem Goldwert in die Kostenrechnung eingeführt.

Die Feststellung der Wertziffern. Die Wertziffer für eine Ware, Leistung oder anderes gibt nach Abschnitt II an, das Wievielfache der Preis einer Ware oder Leistung an einem bestimmten Tage gegenüber der Zeit vor dem Kriege beträgt. Die Wertziffern sind, wie ebenfalls in Abschnitt II bereits ausgeführt, für verschiedene Dinge verschieden. Genau genommen müßte bei der Ermittlung der tatsächlichen Gestehungskosten für jede Art von Aufwendung, für jede Materialsorte, z. B. Stabeisen, Blech, Gußeisen, Schrauben, für Löhne, für Gehälter usw. mit einer besonderen Wertziffer gerechnet werden, soweit eben diese Wertziffern tatsächlich verschieden sind. Das würde, besonders in Betrieben, die sehr viele verschiedene Materialsorten verarbeiten, zur Anwendung sehr vieler verschiedener Wertziffern führen und zu umständlich sein. Man begnügt sich deshalb mit einer Näherungsrechnung, indem man Aufwendungsarten, insbesondere Materialsorten, mit nicht allzu verschiedenen Wertziffern gruppenweise zusammenfaßt, so z. B. alle Walzeisensorten, und hierfür mit einer einheitlichen Wertziffer rechnet. Das ist besonders dann zulässig, wenn in einer solchen Gruppe die eine Art von Aufwendungen weit überwiegt. In diesem Falle kann ohne allzu große Ungenauigkeit mit der Wertziffer dieser Aufwendungsart gerechnet werden.

Für welche Arten von Aufwendungen Wertziffern ermittelt, und wie die Wertziffern gruppenweise zusammengefaßt werden sollen, muß jedes Unternehmen für sich entscheiden. Die Wertziffern müssen natürlich auf Grund der von dem Unternehmen tatsächlich bezahlten Preise berechnet werden. Das geschieht nach Bedarf, d. h. immer, wenn wesentliche Preisänderungen vorkommen. Von der Leitung wird bekanntgegeben, welche Wertziffer für eine bestimmte Gruppe von Aufwendungen und von wann ab die Ziffer gelten soll. Wenn wichtige Wertziffern sich täglich ändern, wie z. B. für Eisen, Baumwolle, Kupfer und andere Rohstoffe, deren Preis dem Markkurse folgt, dann muß natürlich täglich mit einer anderen Wertziffer, die dann meist dem Kursfaktor entspricht, gerechnet werden.

Zweifel ergeben sich, welche Wertziffern für Aufwendungen wie Steuern, Zinsen, Abschreibungen angewendet werden sollen.

Bei Steuern kann man so vorgehen, daß man sowohl die gegenwärtigen Steuern als diejenigen in der Vergleichszeit (z. B. 1914) in Beziehung setzt zur Produktionsmenge des Unternehmens. Betrugen z. B. 1914 die Steuern 2 M. (Goldmark) je Stück der Erzeugung, dagegen nach dem Stande am 1. August 1923 1000000 M. (Papiermark) je Stück, so war die Wertziffer für Steuern am 1. August 1923 gleich $\frac{1000000}{2} = 500000$.

Die Erzeugungsmenge dürfte sich überhaupt vielfach als Bezugsgrundlage für die Ermittlung von Wertziffern verwenden lassen.

Bei den Zinsen würde sich die Wertziffer aus den Zinssätzen ergeben. Betrug der Zinssatz 1914 jährlich 5%, am 1. August 1923 dagegen 400%, so ist die Wertziffer 80. (Diese Ziffer, die ungefähr der Wirklichkeit entspricht, beweist übrigens, daß der Zinssatz für nicht wertbeständige Darlehen bisher geradezu unglaublich niedrig war. Für wertbeständige Darlehen, bei denen etwaige Aufwertung bei Rückzahlung als Zins in Papiermark anzusehen ist, ergibt sich ein ungleich höherer Zinssatz.)

Bei Abschreibungen ergibt sich der Goldbetrag der Abschreibung ohne weiteres aus dem Goldpreis des abzuschreibenden Gegenstandes. Betrug z. B. der Anschaffungspreis einer Werkzeugmaschine 1914 1000 Goldmark, und ist diese Maschine jährlich um $\frac{1}{10}$ ihres Wertes abzuschreiben, so betragen die Abschreibungen heute wie 1914 $\frac{1000}{10} = 100$ Goldmark. Ist eine

Maschine etwa am 1. August 1923 angeschafft und ist dafür ein Preis von 500000000 M. bezahlt worden, der das 1000000fache des Vorkriegspreises bedeutet, so ist der Goldwert der Maschine 500 M.; und bei einem Abschreibungssatz von wiederum $\frac{1}{10}$ beträgt die Abschreibung 50 Goldmark.

Bedeutung der tatsächlichen Gestehungskosten. Die Ermittlung der tatsächlichen Gestehungskosten hat die gleiche Bedeutung wie früher die Selbstkostennachrechnung. Sie ist ja auch nichts weiter als die durch die Geldentwertung bedingte Form der Nachrechnung. Diese aber ist die Grundlage der Preisberechnung, worüber Näheres später ausgeführt wird, und ist eines der wichtigsten Mittel zu wirtschaftlicher Betriebsführung. Für diese Zwecke ist die Nachrechnung heute so notwendig wie früher, ja notwendiger, weil sich die Kostenverhältnisse gegen früher wesentlich geändert haben und noch fortwährend ändern, und weil diese Veränderungen durch die Geldentwertung völlig verschleiert werden, so daß allmählich jeder Überblick und jede Beurteilungsmöglichkeit verlorengegangen ist. Dieser Schleier der Geldentwertung muß zerrissen werden; und das Mittel hierzu ist die Nachrechnung in der angegebenen Form der Goldrechnung.

## C. Die Tagesgestehungskosten.

Hierunter werden die Kosten verstanden, die sich ergeben würden, wenn es möglich wäre, den zu berechnenden Gegenstand an einem einzigen Tage herzustellen, d. h. an dem gleichen Tage alles notwendige Material zu beschaffen und alle notwendigen Herstellungsarbeiten auszuführen, und wenn für das Material, für die Löhne und alle sonstigen Aufwendungen die an diesem Tage gültigen Sätze (Tagespreise) gezahlt würden. In der Praxis wird der Fall, daß eine Ware an einem Tage hergestellt wird, selten sein. Die Tagesgestehungskosten sind also im allgemeinen eine Fiktion, aber eine Fiktion, die in der Praxis große Bedeutung erlangt hat und sehr viel angewendet wird, weil die Tagesgestehungskosten den sog. Tagespreis ergeben, der beim Abschluß und bei der Abwicklung von Geschäften eine große Rolle spielt, wie noch ausgeführt werden wird.

Die Tagesgestehungskosten beruhen auf den tatsächlichen Gestehungskosten. (Insofern handelt es sich auch hier um Gleichwert- oder um Goldrechnung.) Bei ihrer Ermittlung beginnt man jedoch nicht, wie bei den tatsächlichen Gestehungskosten, mit der Feststellung jeder einzelnen Aufwendung, die dann auf den Stichtag umgerechnet wird, sondern man betrachtet die tatsächlichen Gestehungskosten an einem bestimmten Tage, Ausgangstag, insbesondere auch deren Zusammensetzung aus den Hauptbestandteilen (Material, Lohn und Unkosten), als gegeben und berechnet, wie sich diese Kosten bis zu einem bestimmten Stichtage ändern, wenn die Änderung der Einheitspreise für Material, Lohn u. a. am Stichtage bekannt ist.

Wenn z. B. auf Grund der tatsächlichen Gestehungskosten bei einem Erzeugnis zu einer bestimmten Zeit (Ausgangszeit)

der Materialanteil 50%
„ Lohnanteil 20%
„ Unkostenanteil 30%

betrug, und wenn zwischen Ausgangstag und Stichtag

der Materialpreis von 1 auf das 400000fache
„ Lohn . . . „ 1 „ „ 200000fache
die Unkosten . „ 1 „ „ 300000fache

gestiegen sind, so ergeben sich die Tagesgestehungskosten nach folgender Rechnung:

Zahlentafel 3.

| Kostengruppen | Anteil an den Gesamtkosten am Ausgangstag | Einheitspreise am Ausgangstage | Einheitspreise am Stichtage (Vielfache) | Änderung des Kostenanteils zwischen Ausgangstag und Stichtag (Vielfache) | Anteil an den Gesamtkosten am Stichtage |
|---|---|---|---|---|---|
| Material | 50% | 1 | 400000 | 0,5 · 400000 = 200000 | 60% |
| Lohn | 20% | 1 | 200000 | 0,2 · 200000 = 40000 | 12% |
| Unkosten | 30% | 1 | 300000 | 0,3 · 300000 = 90000 | 28% |

Erhöhung der Gestehungskosten auf das 330000fache.

**Tagesgestehungskosten und tatsächliche Gestehungskosten.** Die Tagesgestehungskosten sind also die auf einen bestimmten Tag umgerechneten tatsächlichen Gestehungskosten. Beide würden übereinstimmen, wenn nicht folgender Umstand wäre. Die bei der Herstellung eines Gegenstandes tatsächlich entstandenen Gestehungskosten können bei einer späteren Ausführung höher oder niedriger sein, weil inzwischen nicht bloß eine Änderung des Geldwertes, sondern auch eine Änderung der Produktionsverhältnisse eingetreten ist. Z. B. kann die Leistung der Arbeiterschaft nachgelassen oder zugenommen haben; die Rohstoffe müssen vielleicht aus größerer Entfernung herangeführt werden; die Steuern und sonstigen Abgaben können, auch in Gold gerechnet, gestiegen sein u. dgl. Kurz, es kann, wie bereits im II. Abschnitt ausgeführt wurde, neben der sog. Nominalteuerung durch Geldentwertung auch eine sog. Sach- oder Realteuerung, unter

Umständen auch eine Verbilligung eingetreten sein. Diese kommt in den Tagesgestehungskosten gegenüber früheren tatsächlichen Gestehungskosten dadurch zum Ausdruck, daß die Wertziffern, mit denen die Tagesgestehungskosten aus den tatsächlichen Gestehungskosten berechnet werden, sich entsprechend geändert haben. Außerdem werden den Tagesgestehungskosten meist durchschnittliche Verhältnisse zugrunde gelegt, während die tatsächlichen Gestehungskosten von Fall zu Fall verschieden sein können. Z. B. kann in dem einen Fall ein geschickter Arbeiter das gleiche Erzeugnis in kürzerer Zeit und für weniger Lohn hergestellt haben, als in einem anderen Falle ein weniger geschickter Arbeiter. Im Begriff der Tagesgestehungskosten liegt diese Abweichung allerdings nicht. Sie hat ihren Grund darin, daß, wie noch ausgeführt werden wird, die Tagesgestehungskosten als Grundlage der Preisberechnung, insbesondere der Vorkalkulation, dienen; und der Vorkalkulation werden ja, wenn es sich nicht um einen besonderen Fall handelt, im allgemeinen Durchschnittsverhältnisse zugrunde gelegt.

Bei der Ermittlung der Tagesgestehungskosten wird, wie angegeben, die Zusammensetzung der Gestehungskosten nach der Art und Menge, d. h. nach Materialart und Menge, nach Arbeitsart und Menge usw., als gegeben und unveränderlich angesehen. Insbesondere wird, wenn man der Berechnung die Zusammensetzung der Gestehungskosten vom Jahre 1914 zugrunde legt, angenommen, daß sich seitdem in dieser Hinsicht nichts geändert habe. Infolge des Krieges und der Revolution haben sich aber unsere Erzeugungsverhältnisse wesentlich geändert. So bedeutet die Verkürzung der Arbeitszeit durch den Achtstundentag eine entsprechende Erhöhung des Unkostenanteils, weil die sog. Leerlaufkosten, z. B. Abschreibung und Verzinsung, bei achtstündiger Arbeitszeit fast die gleichen sind wie bei zehn- oder zwölfstündiger. Überhaupt sind die Unkosten seit 1914 verhältnismäßig größer geworden als die Material- und Lohnkosten, und zwar nicht bloß in Geld ausgedrückt, sondern auch mengenmäßig. Z. B. ist die Zahl der Beamtenstunden verhältnismäßig stärker gestiegen als die Zahl der Arbeiterstunden. Die Unkosten für das Material sind infolge der schwierigen Beschaffung, der vielfach weiteren Transporte, der längeren Lagerung (weil man wegen Materialknappheit oft vorzeitig kaufen muß) ebenfalls erheblich größer als früher.

Auch Gestaltung und Ausführung der Erzeugnisse sind vielfach gegenüber 1914 geändert; man verwendet Ersatzstoffe, baut leichter und geht mit dem teueren Material sparsamer um, stellt vielfach Teile von Hand in eigenem Betriebe her, die früher von Spezialfabriken auf Sondermaschinen erzeugt wurden, u.dgl. mehr.

Da jedoch die Zeit vor dem Kriege als einheitliche Bezugszeit für Wertumrechnungen große praktische Vorteile bietet, insbesondere Vergleiche erleichtert, da auch die Steigerung der Materialpreise und des Lohnes fast durchweg bereits auf die Zeit vor dem Kriege bezogen wird, so empfiehlt es sich, auch die Veränderung der Preise aller Fertigerzeugnisse auf die Zeit vor dem Kriege zu beziehen und der obigen Rechnung die Gestehungskosten von 1914 zugrunde zu legen. Nötigenfalls muß eine inzwischen eingetretene Änderung der Grundlagen (mengenmäßige Verschiebung der Kostenanteile) berichtigt werden, indem von der richtigen, jetzt geltenden Kostengliederung auf 1914 zurückgerechnet wird. Die Rechnung ist hierbei genau umgekehrt wie in Zahlentafel 3; aus den Vielfachen oder Multiplikatoren werden Divisoren.

**Bildung von Bauklassen auf Grund der Kostenbestandteile.** Da die Zusammensetzung verschiedener Erzeugnisse aus den Kostenbestandteilen, Material, Lohn und Unkosten, in der Regel verschieden sein wird, so muß das Zusammensetzungsverhältnis für jedes Erzeugnis für sich bestimmt werden.

Weiterhin muß beachtet werden, daß auch die Zusammensetzung der Materialkosten bei verschiedenen Erzeugnissen verschieden ist, z. B. enthält das eine Erzeugnis überwiegend Gußeisen, das andere überwiegend Schmiedeeisen. Bei dem einen spielt daneben vielleicht auch noch Rotguß, bei dem anderen statt dessen Holz eine Rolle. Ähnlich ist in der Textilindustrie die Zusammensetzung der Erzeugnisse aus Wolle, Baumwolle oder anderen Faserstoffen verschieden. Die Preisentwicklung der verschiedenen Materialien aber ist nicht gleichmäßig; deshalb genügt es in obiger Rechnung im allgemeinen nicht, die Materialien in einem Posten zusammenzufassen, sondern die Anteile der wichtigsten Materialien müssen für sich ermittelt werden.

Trotzdem braucht aber die Rechnung nicht für jedes einzelne Erzeugnis besonders durchgeführt zu werden, sondern es können Erzeugnisse, die hinsichtlich der Kostenzusammensetzung gleichartig sind, gruppenweise zu sog. Kosten- oder Bauklassen zusammengefaßt werden. Hierbei können kleine Unterschiede in der Kostenzusammensetzung wie auch kleine Kostenanteile vernachlässigt werden, um nicht zu viel Klassen zu erhalten. Wenn beispielsweise von zwei hinsichtlich der Kostenzusammensetzung sonst gleichen Erzeugnissen das eine Rotguß enthält, der 5% der gesamten Kosten ausmacht, während das andere

Erzeugnis keinen Rotguß aufweist, so dürfte dieser Unterschied im allgemeinen außer acht gelassen werden können, d. h., es kann der Rotgußanteil etwa zu dem Gußeisenanteil geschlagen werden; bedeutet doch bei 5% Rotgußanteil ein Unterschied in der Preisänderung des Rotgusses gegenüber dem Gußeisen von 20% erst einen Unterschied im Gesamtpreis von 1%, was bei den heutigen Verhältnissen nicht ins Gewicht fällt. Infolge dieser zulässigen Vereinfachung ergeben sich für einen bestimmten Industriezweig verhältnismäßig wenig Kostenklassen.

Die Kostenklassen eines Industriezweiges lassen sich etwa folgendermaßen in einem Schema zusammenstellen. (Die beispielsweise eingeschriebenen Zahlen bedeuten die prozentualen Anteile der einzelnen Kostenarten an den Gesamtkosten.)

| Kostenanteile | Bau- oder Kostenklassen | | | | |
|---|---|---|---|---|---|
| | I | II | III | IV | usw. |
| Material A | 10 | 20 | 30 | 40 | |
| „ B | 20 | — | — | 10 | |
| „ C | — | 20 | 30 | — | |
| Löhne . . | 20 | 30 | 10 | 20 | |
| Unkosten . | 50 | 30 | 30 | 30 | |

Stehen die Kostenklassen fest, dann brauchen nur die Einheitspreise der Kostenanteile verfolgt und die Änderungen zwischen Ausgangstag und Stichtag als Wertziffern (Indizes, Multiplikatoren) festgestellt werden. Die Berechnung der Änderungen der Anteile zwischen Ausgangstag und Stichtag erfolgt schließlich gemäß Zahlentafel 3.

Die Behandlung der Unkosten. Eine besondere Erörterung erfordert die Ermittlung der Wertziffer für die Unkostenänderung. Man setzt die Unkosten allgemein in Beziehung zu den Löhnen und berechnet sie als prozentualen Zuschlag zu den Löhnen. Dieses Verfahren kann zu großen Fehlern führen, wenn mit gleichbleibendem Unkostenzuschlag gerechnet wird. Denn von den Unkosten entfällt ein großer Teil, in Fabriken wohl der größte Teil, auf Hilfsmaterial, wie Kohle, Schmieröl, Riemen, Werkzeuge, und diese Materialien sind bisher im Preise verhältnismäßig stärker gestiegen als die Löhne. Das gleiche gilt von den Abschreibungen und der Verzinsung eines Teiles des Unternehmungskapitals. D. h., der Anteil der Unkosten an den Gesamtkosten eines Erzeugnisses, der Unkostenzuschlag, ist gegenüber den Löhnen größer geworden. Die Außerachtlassung dieses Umstandes hat, besonders bei der Anwendung der sog. später noch zu behandelnden Material- und Lohnklausel, die grundsätzlich dem hier behandelten Berechnungsverfahren entspricht, zu großen Verlusten geführt.

Man kann die Unkosten nach der Preisentwicklung etwa in folgende Hauptgruppen gliedern:

Hilfsmaterial.
Hilfslöhne und Gehälter.
Abschreibungen und Verzinsung.
Verschiedenes (Steuern und Abgaben, Reisekosten, Frachten, Postkosten, Patentkosten u. a.).

Auch innerhalb dieser Gruppen ist die Preisentwicklung nicht ganz gleichmäßig. In der Gruppe „Hilfsmaterial" entwickelt sich der Preis der Kohle anders als der des Öles oder der Werkzeuge; die Gehälter ändern sich nicht genau wie die Löhne. In der Gruppe „Verschiedenes" entwickeln sich die Frachten anders als die Steuern usw. Aber im Vergleich zu dem großen allgemeinen Wagnis, das die Geldentwertung in die Preisberechnung hineinbringt (das übrigens bei dem Posten „Verschiedenes" berücksichtigt werden muß), können diese Unterschiede vernachlässigt werden. Es erscheint sogar zulässig, die Gruppe „Verschiedenes" mit der Gruppe „Hilfslöhne und Gehälter" zu vereinigen, so daß sich nur drei Unkostengruppen ergeben:

Hilfsmaterial.
Hilfslöhne, Gehälter und Verschiedenes.
Abschreibungen und Verzinsung.

Abschreibungen und Verzinsung sollten in der Preisberechnung auf jeden Fall für sich behandelt werden, da ihr Anteil allgemein unterschätzt wird. Regelrechte Berechnung der Abschreibungen und Verzinsung führt allerdings zu Beträgen von solcher Höhe, daß ihre volle Einrechnung in den Preis diesen vielfach unmöglich erscheinen läßt. Dann sollte man sich aber durch regelrechte Berechnung der Abschreibungen und Verzinsung (vgl. S. 13) wenigstens Klarheit darüber verschaffen, welche Einbuße an Substanz man durch nicht volle Berücksichtigung der Abschreibungen erleidet.

Auf Grund dieser Ausführungen ergibt sich aus dem einfachen Grundschema der Preisberechnung, nämlich Gestehungskosten = Material + Lohn + Unkosten folgendes genauere Schema:

Material A.
„ B.
„ C.
Löhne (produktive).
Hilfsmaterial.
Hilfslöhne, Gehälter, Verschiedenes.
Abschreibungen und Verzinsung.

Summe = Selbstkosten.

Die Preisentwicklung dieser verschiedenen Kostengruppen ist zu verfolgen. Für jede Gruppe wird eine Wertziffer ermittelt, die angibt, um wieviel der Einheitspreis zwischen der Ausgangszeit (z. B. 1914) und dem Stichtag gestiegen ist.

Für Erzeugnisse der Massen- oder Mengenfabrikation, z. B. Ziegel, Bier, Tuch, bei denen der Anteil der einzelnen Kostengruppen an den gesamten Kosten der Fabrikation bekannt oder leicht zu ermitteln ist, kann dieses Schema ohne weiteres angewendet werden.

In manchen Industrien wird es möglich sein, alle Löhne (produktive und unproduktive), Gehälter, Personalversicherungskosten, kurz alle Personalkosten, zu einer Gruppe zusammengefaßt zu ermitteln und den Anteil dieser Gruppe an den Gesamtkosten festzustellen. Hierdurch wird obiges Schema zu folgendem, etwas einfacherem Schema, in dem gleichzeitig das Unkostenmaterial zu der Gruppe des übrigen Materials genommen worden ist:

Material (A, B, C und Hilfsmaterial).
Personalkosten und Verschiedenes (Steuern, Frachten, Porto u. a.).
Abschreibungen und Verzinsung.

Summe = Selbstkosten.

Es ergeben sich also im wesentlichen nur drei verschiedenartige Kostengruppen.

Bei **Einzelfabrikation** dagegen, bei der es üblich ist, den Unkostenanteil für das einzelne Erzeugnis in Form eines einheitlichen Zuschlages zu berechnen — also nicht die Unkosten für das gesamte Unternehmen, gegliedert nach Unkostengruppen — muß für die Unkosten eine einheitliche Wertziffer festgestellt werden. Das kann folgendermaßen geschehen:

Es wird ermittelt, welcher Anteil an den gesamten Kosten eines Unternehmens oder einer Abteilung auf jede der Unkostengruppen entfällt. Hieraus und aus der Preissteigerung in jeder Gruppe ergibt sich die Gesamtwertziffer. Beispiel:

Zahlentafel 4.

| Unkostengruppen | Anteil an den gesamten Unkosten | Preissteigerung (Vielfaches) der Einheit | Steigerung der Anteile (Vielfache) |
|---|---|---|---|
| Hilfsmaterial . . . . . | 50% | 400000 | 0,5 · 400000 = 200000 |
| Unkostenlöhne usw. . . | 20% | 200000 | 0,2 · 200000 = 40000 |
| Abschreibungen u. Verzinsung . . . . . . | 30% | 300000 | 0,3 · 300000 = 90000 |

Steigerung insgesamt (Gesamtwertziffer) 330000fach.

Die so ermittelte Gesamtwertziffer ist bei der Berechnung nach Zahlentafel 3 für die Unkosten einzusetzen.

Zusammengefaßt ist also das Verfahren folgendes:

1. Ermittlung der tatsächlichen Gestehungskosten mittels Nachrechnung (Goldrechnung) und Bestimmung der auf Hundert bezogenen Anteile der Hauptkostengruppen Material, Lohn, Unkosten an der Summe der Gestehungskosten.

2. Ermittlung der Wertziffern für die einzelnen Kostengruppen am Stichtage, d. h. der Preissteigerung der Einheiten gegenüber der Ausgangszeit, also der Materialwertziffer oder der Materialwertziffern, wenn mehrere Materialien in Betracht kommen, der Lohnwertziffer und der Unkostenwertziffer, wobei die Unkostenziffer gemäß der Zusammensetzung der Unkosten aus den Hauptgruppen Hilfsmaterial, Hilfslöhnen (einschließlich Gehälter und verschiedener Unkosten), sowie Abschreibungen, einschließlich Verzinsung, berechnet wird (Zahlentafel 4).

3. Berechnung der Gesamtänderung der Gestehungskosten auf Grund der Anteile der Hauptposten (Material, Lohn, Unkosten) und der entsprechenden Wertziffern (Zahlentafel 3).

Dieses Verfahren ermöglicht eine verhältnismäßig einfache Ermittlung sachlich richtiger Teuerungsfaktoren und Tagespreise und wird hierfür hauptsächlich von Preiskartellen, Verbänden und anderen Stellen, die Preise festsetzen, angewendet.

Hierbei werden die in Betracht kommenden Erzeugnisse entsprechend der Zusammensetzung ihrer Gestehungskosten aus Material, Lohn und Unkosten in Kosten- oder Bauklassen eingeteilt, wobei Unterschiede in den Kostenanteilen bis zu etwa 10% unbedenklich vernachlässigt werden können, so daß sich nicht allzu viele Klassen ergeben. Wie bei Preisfestsetzungen überhaupt, müssen natürlich durchschnittliche Kosten normaler Erzeugnisse zugrunde gelegt werden.

Weiterhin werden die Materialwertziffern und die Lohnwertziffern laufend verfolgt.

Die Unkostenwertziffer kann für alle Erzeugnisse einheitlich errechnet werden, indem eine Durchschnittsfabrik mit der am meisten vorkommenden Zusammensetzung der Unkosten angenommen wird. Für verschiedene Kostenklassen ist der Unkostenanteil natürlich verschieden.

Mittels dieser Unterlagen läßt sich für jede Kostenklasse ein Teuerungsfaktor, Multiplikator oder eine Gesamtwertziffer errechnen, mit deren Hilfe dann der Tagespreis bestimmt wird.

Das Verfahren ist, wenn einmal die Kostenklassen bestimmt sind, sehr einfach. Es handelt sich dann nur noch um laufende

Verfolgung von Materialpreisen und Löhnen und um eine einfache Rechenarbeit. Neben dem rechnerisch auf Grund der Gestehungskosten ermittelten Teuerungsfaktor sind bei der endgültigen Preisbestimmung natürlich noch die Marktlage und andere die Preisbildung beeinflussende Umstände zu berücksichtigen.

So nützlich die dargestellte Berechnungsweise für die heutigen Verhältnisse auch ist, so muß angesichts der verschiedenen Ungenauigkeiten, die dabei mit in Kauf genommen werden müssen, doch ausdrücklich darauf hingewiesen werden, daß sie von Zeit zu Zeit unbedingt der Nachprüfung durch eine regelrechte Selbstkostenberechnung bedarf, wenn sie sich nicht allzusehr von der Wirklichkeit entfernen soll.

## D. Die Wiederbeschaffungskosten.

Obgleich die Bezeichnung Wiederbeschaffungskosten den hierdurch ausgedrückten Begriff klar umschreibt, wird darunter verschiedenes verstanden. Man spricht von Wiederbeschaffungskosten am Tage der Aufwendung der Kosten, von Wiederbeschaffungskosten am Umsatztage, von Wiederbeschaffungskosten am Tage der Zahlung des Kaufpreises, von wirklichen Wiederbeschaffungskosten.

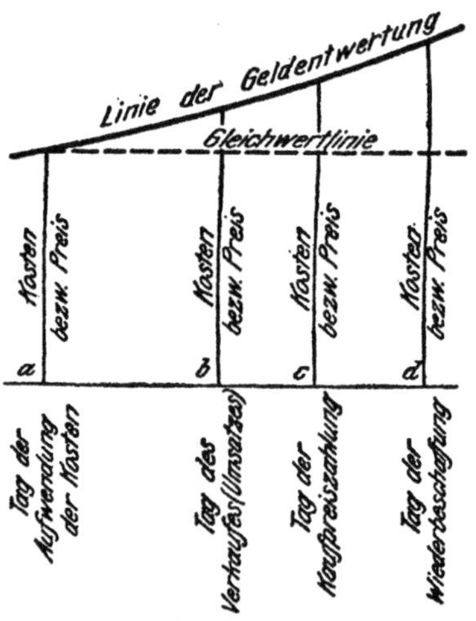


Abb. 2. Änderung der Kosten mit der Geldentwertung.

Diese, je nach dem Zeitpunkt verschieden bezeichneten Wiederbeschaffungskosten sind nur dann verschieden, wenn man sie in Mark (Papiermark), also in verschiedener Währung ausdrückt; sie stimmen dagegen grundsätzlich überein, wenn man sie aus der schwankenden Markwährung auf einen einheitlichen Nenner, insbesondere auf Gold, umrechnet. Mit anderen Worten, die Linien *a*, *b*, *c* und *d* der Abb. 2 sind nur verschieden, weil jede Linie in einem anderen Maßstabe gezeichnet ist. Werden sie alle in dem gleichen Maßstabe, etwa dem der Linie *a*, dargestellt, so sind sie auch alle gleich *a*.

Die Wiederbeschaffungskosten sind nichts weiter als die auf den Tag der Wiederbeschaffung bezogenen Tagesgestehungskosten.

Man könnte die verschiedenen Wiederbeschaffungskosten ebenso aus den (durchschnittlichen) tatsächlichen Gestehungskosten berechnen, wie es im vorigen Abschnitt für die Tagesgestehungskosten geschildert wurde, wenn man die Wertziffern, die für die einzelnen Kostenbestandteile am Tage der Wiederbeschaffung gelten werden, kennen würde, mit anderen Worten, wenn man die Geldentwertung und Preisentwicklung voraussehen könnte. Da dies aber nicht möglich ist, so ist eine rechnerische Ermittlung der Wiederbeschaffungskosten, soweit sie in der Zukunft liegen, unmöglich. Es kommt nur spekulative Schätzung in Frage.

Werden die Wiederbeschaffungskosten in Gold ausgedrückt, so fallen sie mit den in Gold ausgedrückten tatsächlichen Gestehungskosten zusammen, abgesehen von einer etwa eingetretenen Sachteuerung. Produktionskosten in Gold und Reproduktionskosten in Gold sind gleich. Es ist wieder nur die Geldentwertung und die Anwendung eines verschiedenen Geldmaßstabes, der das Bild verwirrt. Bei der Goldrechnung wird demgemäß auch die Forderung nach Erlangung der Wiederbeschaffungskosten im Verkaufspreise gegenstandslos.

# IV. Preisberechnung und Kaufpreiszahlung bei veränderlichem Geldwerte.

## A. Ermittlung des Ausgangs- oder Grundpreises.

Der Verkaufspreis wird letzten Endes durch die Marktlage bestimmt, sofern für eine Ware ein Markt vorhanden ist. In diesem Falle bleibt dem Verkäufer nur übrig, festzustellen, ob der erzielbare Marktpreis seine tatsächlichen Gestehungskosten deckt und außerdem einen angemessenen Gewinn gewährt oder nicht. Da der Marktpreis in der Hauptsache von Angebot und Nachfrage abhängig ist, und das Angebot wieder beeinflußt wird von dem Verhältnis zwischen erzielbarem Preis und tatsächlichen Gestehungskosten, so sind diese allerdings für den Marktpreis mitbestimmend. So war es früher und so ist es auch heute noch, soweit eben ein Marktpreis besteht. Aber für die meisten Erzeugnisse ist das heute nicht der Fall. Für sie wird der Preis tatsächlich rein rechnerisch auf Grund der Gestehungskosten ermittelt. Insofern ist, wie schon in der Einleitung betont wurde, eine richtige Kostenermittlung heute mindestens so notwendig wie früher; und die Verfahren, die, wie die im vorigen Abschnitt dargestellten, eine solche ermöglichen, sollten allgemein gekannt und angewendet werden.

Es entsteht nun die Frage, welche Gestehungskosten sollen der Preisberechnung zugrunde gelegt werden: die nominellen, die tatsächlichen, die Tagesgestehungskosten oder die Wiederbeschaffungskosten?

Die nominellen oder buchmäßigen Gestehungskosten scheiden als Preisgrundlage aus, weil sie einfach falsch sind. Von den Wiederbeschaffungskosten ist schon ausgeführt worden, daß sie, in Gold ausgedrückt, mit den Gestehungskosten der verkauften Ware übereinstimmen, abgesehen von einer Erhöhung der Gestehungskosten an sich. Bleiben noch die tatsächlichen und die Tagesgestehungskosten. Wenn es sich darum handelt, nachträglich den Preis für eine ausgeführte Arbeit oder ein fertiggestelltes Erzeugnis zu berechnen, etwa auf Grund eines sog. Regievertrages, dann müssen natürlich die in diesem Falle tatsächlich entstandenen Kosten der Preisberechnung zugrunde gelegt werden. Diese werden in der Regel auf den Tag der Kaufpreiszahlung umzurechnen sein.

Soll der Preis ermittelt werden, der augenblicklich richtig ist, der sog. Tagespreis, so können nach dem im vorigen Abschnitt Ausgeführten nur die Tagesgestehungskosten als Rechnungsgrundlage in Betracht kommen. Diese bauen sich zwar auf den tatsächlichen Gestehungskosten auf, aber sie gleichen, wie gezeigt wurde, zufällige, von Fall zu Fall sich ergebende Unterschiede in den tatsächlichen Gestehungskosten aus, und vor allem stellen sie die in der Vergangenheit ermittelten Kosten für die Gegenwart richtig. Der gegenwärtig richtige Preis, der Tagespreis, kann also nur auf Grund der Tagesgestehungskosten gefunden werden.

Dies gilt sowohl für das einzelne Unternehmen wie für die Preispolitik der Verbände. In der Tat berechnen wohl die Verbände ihre Mindestpreise, Richtpreise, Normalpreise od. dgl. durchweg auf Grund der Tagesgestehungskosten. Das Verfahren hierbei entspricht völlig dem in Abschnitt III C, Zahlentafel 3 dargestellten: Ermittlung der durchschnittlichen tatsächlichen Gestehungskosten an einem bestimmten Ausgangstage, Feststellung des verhältnismäßigen Anteils der Hauptkostenbestandteile an den Gesamtkosten, Berechnung der Kostenänderung auf Grund der Änderung der Einheitspreise. Aus der Kostenberechnung ergibt sich der Preis durch Zuschlag eines angemessenen Gewinnes. Begreiflicherweise wird diese Berechnung nicht von allen Verbänden in der exakten Weise, wie es in Abschnitt III dargestellt ist, durchgeführt. Aber grundsätzlich und in Annäherung wird doch überall dieser Weg eingeschlagen.

## B. Gleitung des Ausgangspreises; laufende Ermittlung des Tagespreises.

Als sachlich richtiger Verkaufspreis ist nach vorstehendem der Tagespreis anzusehen, der sich auf Grund der Tagesgestehungskosten ergibt. Da sich die Tagesgestehungskosten entsprechend dem Geldwerte, d. h. der Kaufkraft des Zahlungsmittels, ändern, so muß sich auch der Tagespreis ändern. Dieser muß entsprechend der Kaufkraft der Mark „gleiten". Bei fortgesetzt sich ändernder Währung entsteht deshalb die Aufgabe, fortlaufend die Tagesgestehungskosten und hiernach den Tagespreis zu ermitteln.

### 1. Gleitung nach Formeln, Teuerungsfaktoren u. dgl.

Diese Aufgabe suchte man zunächst mit Hilfe sog. Gleitklauseln zu lösen, indem man die der Kaufkraftänderung der Mark entsprechende Änderung der Gestehungskosten durch möglichst einfache Formeln auszudrücken versuchte, z. B. durch eine Material- und Lohnklausel, d. h. eine Formel, die angibt, um wieviel sich der vereinbarte Preis mit einer bestimmten Änderung des Materialpreises oder des Lohnsatzes ändern soll. Wenn die Gestehungskosten eines Gegenstandes überwiegend aus Lohn bestehen, so wird die Änderung des Preises von der Änderung des Lohnsatzes abhängig gemacht (Lohnklausel). Wenn umgekehrt das Material einen überwiegenden Einfluß hat, so wird der Preis dieses Materials als Gleitmaßstab gewählt. Wenn das Material aus dem Auslande stammt, wie z. B. Kupfer oder Baumwolle, und in ausländischer Währung bezahlt werden muß, so wird wohl auch der diesem Material entsprechende Teil des Preises in fremder Währung ausgedrückt und muß dann entweder in dieser Währung oder in Mark entsprechend deren Kurse bezahlt werden, so daß der Kurs als Maßstab der Gleitung für einen Teil des Preises dient.

Grundsätzlich ist dieses Verfahren durchaus richtig, und wo Material- und Lohnklauseln richtig angewendet wurden, haben sie sich durchaus bewährt. Aber vielfach wurden sie allzu schematisch angewendet; das Verhältnis des Materialanteils und des Lohnanteils an den Gesamtkosten bzw. am Preise wurde nicht richtig festgesetzt; die Steigerung der Anteile wurde nicht richtig ermittelt; die Steigerung der sog. Unkosten wurde proportional der Steigerung des Lohnes angenommen, obgleich die Unkosten auch einen großen Teil Materialkosten enthalten, die meist stärker gestiegen sind als der Lohn. Infolge dieser Fehler hat man mit den Material- und Lohnklauseln vielfach schlechte Erfahrungen gemacht. Allerdings hat man der Gleitklausel auch an Verlusten schuld gegeben, die mit der Klausel an sich nichts zu tun haben, sondern daher rühren, daß man die Gleitklausel nur bis zur Fertigstellung einer Ware, nicht auch bis zu deren Bezahlung gelten ließ. Der Grundgedanke der Gleitklauseln entspricht durchaus dem in Abschnitt III behandelten Verfahren. Aber schon der Vergleich mit diesem nicht ganz einfachen Verfahren zeigt, daß eine Material- und Lohnklausel sehr sorgfältig entwickelt werden muß und nicht einfach ausfallen kann, wenn sie nur annähernd so richtige Ergebnisse zeitigen soll' wie jenes Verfahren. Hierzu kommt, daß es bei der Anwendung von Material- und Lohnklauseln schwierig ist, in Verbänden eine einheitliche Preispolitik durchzuführen.

Festsetzung von Tagespreisen. Immer mehr Industrien sind daher dazu übergegangen, Tagespreise nach den in Abschnitt III C dargestellten Verfahren zu ermitteln. Teils erfolgt die Ermittlung nach Bedarf, d. h. wenn eine Änderung der Gestehungskosten eingetreten ist, die eine Preisänderung notwendig macht, teils regelmäßig fortlaufend, etwa monatlich, vierzehntägig, zehn- oder achttägig, ja neuerdings fünf- oder dreitägig, oder gar täglich, weil die Änderung der Gestehungskosten in Anpassung an die Gedentwertung immer schneller vor sich gegangen ist. Der jeweils festgesetzte Tagespreis gilt dann von einer Festsetzung bis zur nächsten.

Der Tagespreis wird teils in absoluten Geldwerten (Mark, Dollar, Pfund od. dgl.) ausgedrückt, so z. B. bei den Kohlenpreisen und den Eisenpreisen; teils werden fortlaufend nach Bedarf Teuerungsfaktoren, Multiplikatoren, Indizes, Ausgleichsätze berechnet, die angeben, um wieviel Prozent oder um das Vielfache sich ein festgesetzter Ausgangspreis ändert. Beide Verfahren kommen auf das gleiche hinaus.

### 2. Gleitung nach dem Markkurse[1]).

Die fortlaufende Ermittlung von Teuerungsfaktoren verursacht sehr viel Arbeit und Kosten, um so mehr, je häufiger sie erfolgt. Da aber die Gestehungskosten sich entsprechend dem Geldwerte fast täglich ändern, so müßten eigentlich die Teuerungsfaktoren täglich ermittelt und bekanntgemacht werden.

---

[1]) Nachstehende Ausführungen die wie der gesamte erste Teil dieses Buches vor Einführung der Goldzahlungsmittel geschrieben wurden, gelten für diese insoweit, als sie nicht vollwertig sind, sei es, daß ihr offizieller Kurs von der Parität abweicht, sei es, daß sie im freien Verkehr geringer bewertet werden.

Das ist praktisch kaum durchführbar, wenigstens nicht auf die Dauer. Man ist deshalb neuerdings in steigendem Maße dazu übergegangen, den Tagespreis mit dem Markkurse gleiten zu lassen, zumal sich zeigt, daß die Gestehungskosten immer mehr und immer schneller dem Markkurse folgen. Außerdem glaubt man vielfach, daß bei der Gleitung mit dem Kurse die Geldentwertungsverluste wegfallen werden, die man bei der Gleitung nach Teuerungsfaktoren immer wieder feststellen mußte. Diese Geldentwertungsverluste haben ihre Ursache aber nicht in den Teuerungsfaktoren an sich, sondern beruhen vielfach darauf, daß die Teuerungsfaktoren nicht folgerichtig, insbesondere nicht auf die Kaufpreiszahlung, angewendet werden. Geschieht dieses auch bei der Kursgleitung nicht, so bedeutet sie in dieser Hinsicht kaum eine Verbesserung.

Die Gleitung des Preises mit dem Kurse wird meist als Goldrechnung bezeichnet. So gelten die durch nachstehende Beispiele gekennzeichneten Verfahren, bei denen es sich durchweg um Gleitung des Preises mit dem Kurse handelt, als Goldrechnung. Diese bedeutet hier nichts weiter als die völlige oder teilweise Ersetzung der bisherigen Gleitklauseln, Teuerungsfaktoren u. dgl. durch den Kurs als Gleitmaßstab.

### a) Beispiele für Kursgleitung in der Industrie[1]).

1. Ein Verband der Textilindustrie hat folgende Zahlungsbedingungen: Der in Dollar gestellte Preis ist in Papiermark zu zahlen. Für die Abrechnung ist maßgebend der amtliche Berliner Briefkurs des dem Fälligkeitstage vorausgehenden Werktages.

Bei Zahlung vor Fälligkeit und bei jeder Überschreitung des Fälligkeitstages gilt für die Abrechnung der Kurs des Tages der Zahlung, wenn diese am Vortage der Zahlung telegraphisch (Telegrammspesen zu Lasten des Verkäufers) angezeigt wurde; andernfalls erfolgt die Abrechnung zum Kurse des Tages des Zahlungseinganges.

Vor- und Verzugszinsen werden mit 4% über dem jeweiligen Reichsbankdiskont berechnet; außerdem kommen bei verspäteten Zahlungen die Bankspesen in Anrechnung, welche die Bankenvereinigung jeweils berechnet.

2. Die Bedingungen eines Verbandes der Seidenindustrie enthalten folgende Klausel (Repartierungsklausel): Ist für Rech-

[1]) Die wiedergegebenen Zahlungsbedingungen stellen fast durchweg die erste Form dar, in der die Goldrechnung in der betreffenden Industrie eingeführt wurde. Sie dürften seit Niederschrift dieser Arbeit teilweise geändert worden sein. Hierbei wird es sich aber im wesentlichen wohl um eine Anpassung an die vom Reichsverbande der deutschen Industrie aufgestellten, im Anhang, Teil B, wiedergegebenen Richtlinien für die Goldrechnung handeln. Die Beispiele kennzeichnen also zugleich die eingetretene, recht lehrreiche Entwicklung.

nungsbeträge, die über ausländische Währungen lauten, die Zahlung in Papiermark gesetzlich vorgeschrieben, so gelten für die Abrechnung folgende Bestimmungen:

Für die Abrechnung ist der Kurs maßgebend, den der Fabrikant beim Verkaufe der Markanschaffung an einer Bank oder an einer Börse tatsächlich erzielt. Der Fabrikant wird, das Interesse des Kunden bestmöglich wahrend, den Verkauf spätestens am zweiten Tage nach Eingang der Markzahlung vornehmen, muß sich aber vorbehalten, falls ihm der Verkauf an diesem Tage ganz oder zum Teil nicht gelingen sollte, den Verkauf an den darauffolgenden Tagen sobald wie möglich vorzunehmen.

Nimmt der Fabrikant den Verkauf aus eigenem Willen nicht vor, so erfolgt die Abrechnung der Markzahlung zu dem amtlich notierten Wechselkurse der Berliner Börse für Brief des auf den Eingangstag der Markzahlung folgenden Tages. Wird an diesem Tage an der Berliner Börse ein amtlicher Kurs nicht notiert, so gilt für die Abrechnung die nächstfolgende amtliche Notiz der Berliner Börse.

Bei der Abrechnung sich ergebende Spitzenbeträge werden nachgefordert, zurücküberwiesen oder verrechnet.

3. Bei den Verbänden der Damenwäsche-, Weißwaren-, Schürzen-, Unterrock- und Kinderkleider-Fabrikanten erfolgt die Preisstellung entweder in Dollar oder Schweizer Franken ohne Preisvorbehalt (zahlbar innerhalb zehn Tagen nach Rechnungsdatum in Papiermark) oder in Papiermark mit Preisvorbehalt. In diesem Falle sind die Rechnungen zahlbar mit 70% des Kaufpreises am Tage der Auftragserteilung und mit 30% fünf Tage nach Rechnungsdatum. Änderungen der Herstellungskosten innerhalb der Lieferzeit bedingen für je 10% Lohnänderung 3% Änderung des Kaufpreises. Lagerverkäufe von vorrätiger Lagerware sind zum vollen Betrag am Tage der Auftragserteilung zu zahlen, wogegen der Preisvorbehalt fortfällt. Bei Zielüberschreitung sind außer den Verzugszinsen 80% der nach Fälligkeit eintretenden Markverschlechterung zu zahlen. Vor- und Verzugszinsen werden mit 5% über Reichsbankdiskont berechnet.

4. Zentralverein der Hutfabrikanten Deutschlands: Die Preisberechnung erfolgt fest in holländischen Gulden; zu zahlen ist in Papiermark. Statt in Bar darf der Abnehmer, wenn der Lieferant zustimmt, auch in Wechseln (höchstens 90 Tage) regulieren. Der Kaufpreis ist am zehnten Tage nach Schluß des Liefermonats mit 2% Skonto fällig, bei Verzug ohne Skonto. Bei verspäteter Zahlung kann der Lieferant den eventuellen höheren Kurs der Umrechnung zugrunde legen. Für den nicht gezahlten Teil des Auftrages hat der Abnehmer innerhalb von 14 Tagen ein Rücktrittsrecht in Höhe von 50%, wenn die Mark seit der Auftragserteilung um mehr als 50% im Werte gefallen ist. Bei Aufträgen mit Lieferzeit bis zu 4 Wochen ist das Rücktrittsrecht ausgeschlossen.

5. Vereinigung deutscher Tapisseriefabrikanten: Die Preisstellung erfolgt in Goldmark (1 Goldmark $= \frac{1}{4{,}2}$ Dollar), die Zahlung in Papiermark, berechnet nach der an dem Tage des Zahlungsabganges nächst vorangegangenen Briefkursnotierung der Berliner Börse. Falls die dem Tage des Zahlungseinganges nächstfolgende Kursnotierung um mehr als 10% höher liegt, ist der diese 10% über-

steigende Betrag dem Lieferanten innerhalb 4 Tagen nach Abrechnungserteilung nachzuvergüten. Bei Zielüberschreitung sind Verzugszinsen in Höhe des Reichsbankdiskonts zu vergüten.

6. Zentralverband der Herren- und Knabenkleider-Fabrikanten Deutschlands: Die Verkaufspreise unterliegen mit einem Anteile von $66^2/_3$% einer Wertsicherungsklausel. Zur Errechnung derselben ist bei Auftragsentgegennahme der Dollarkurs im Zeitpunkt der Preisstellung des Verkaufes festzustellen und auf dem Auftragsbogen niederzulegen. Der Kurs wird hierbei auf volle 1000 Punkte nach oben abgerundet. Die restlichen $33^1/_3$% des Verkaufspreises ändern sich in dem Ausmaße, wie sich die Löhne vom Tage der Bestellung bis zum Tage der Lieferung erhöhen bzw. senken (1% Lohnerhöhung = 1% Preiserhöhung). Bei Auftragserteilung geleistete Anzahlungen sichern den Kurs des Auftragstages in Höhe der geleisteten Anzahlung, Vorzinsen werden hierbei nicht vergütet. Bei Anzahlung von $^2/_3$ des Verkaufspreises und mehr kommt für den übrigbleibenden Teil nur die Lohnklausel in Frage. Erfolgt die Zahlung nicht oder nicht in voller Höhe 5 Tage ab Rechnungsdatum, so tritt Berechnung der vollen Geldentwertung ein, wobei eine Markbesserung unberücksichtigt bleibt. Bei Zahlung nach dem 10. Tage ab Rechnungsdatum werden außerdem Verzugszinsen berechnet.

7. Verband deutscher Teppich- und Möbelstoff-Fabrikanten e. V.: Der Verkauf kann erfolgen 1. in Edelwährung, 2. in gebrochener Währung ($^2/_3$ des Warenwertes in Edelwährung, $^1/_3$ des Warenwertes in Mark mit Lohnklausel), 3. zu freibleibenden Preisen. (Der Auftragspreis wird angegeben, der Rechnungspreis wird durch Erhöhung oder Ermäßigung des Auftragspreises gebildet.) Bei allen drei Verkaufsweisen gilt ein Zahlungsziel von 30 Tagen nach Schluß des Liefermonats mit 5% Kassaskonto auf den Warenwert. Die Bezahlung erfolgt für die in Edelwährung ausgedrückten Preise und Preisbestandteile in Mark, umgerechnet zum amtlichen Berliner Börsenbriefkurs am Eingangstag der Zahlung, bei den in Reichsmark ausgedrückten Preisen oder Preisbestandteilen in kursgesicherter Mark. Hierbei erhöht oder ermäßigt sich der Rechnungsbetrag um den gleichen Prozentsatz, um welchen sich der amtliche Berliner Börsenbriefkurs des Dollars zwischen dem Rechnungsdatum und dem Tag des Eingangs der Zahlung verändert.

8. Der Verband der deutschen Veredelungsanstalten für Baumwollgewebe hat außer der früher halbwöchentlichen Schlüsselzahlberechnung eine Kurssicherung nach dem täglichen Dollarstande eingeführt. Die frühere Berechnungsweise, Grundziffer mal Schlüsselzahl, bleibt bestehen. Jeder Schlüsselzahl wird jedoch ein bestimmter Dollarkurs zugrunde gelegt, der gleichzeitig mit der Schlüsselzahl bekanntgegeben wird. Für je 10000 Punkte, um die der Dollarkurs bei Zahlungseingang gestiegen sein wird, erhöht sich der Rechnungsbetrag um 1%. Bei Überschreitung des Zieles (1 Woche ab Rechnungsdatum) werden 60% Verzugszinsen berechnet.

9. Wirtschaftliche Vereinigung deutscher Krawatten-Fabrikanten: Der Preis wird berechnet auf Grund des Standes von Papiermark für einen Dollar. 25% des Preises sind fest, zu- bzw. abzüglich des für die Verkaufswoche gültigen Zu- bzw. Abschlags. Für 75% des Preises erfolgen Zu- oder Abschläge entsprechend der Valutabewegung, gemessen am Durchschnittskurs des Dollars für

die Vorwoche, und zwar für je 300 Punkte über oder unter dem oben angegebenen Kurse ein Zu- oder Abschlag von 1% usw.

10. Verband deutscher Damen- und Mädchenmäntel-Fabrikanten: Der Verkauf erfolgt in Goldmark oder ausländischer Währung oder in kursgesicherter Mark dergestalt, daß am Tage der Rechnungserteilung der Unterschied des Markwertes mit 75% in Ansatz gebracht wird. Das Ziel ist auf 5 Tage mit 2% Skonto begrenzt; bei einer Überschreitung geht neben den vereinbarten Verzugszinsen eine etwaige Verschlechterung der Mark zu Lasten des Käufers. Markbesserung wird nicht berücksichtigt. Anzahlungen sichern für den bezahlten Teil des Preises den Kurs, zu dem die Anzahlung erfolgte.

11. Roheisenausschuß des Eisenwirtschaftsbundes: Die Preise für Hämatit und Gießereiroheisen sind unter Zugrundelegung eines Kurses von ... Mill. M. für ein Pfund Sterling festgesetzt; sie erhöhen oder ermäßigen sich in dem Verhältnis, wie das Pfund Sterling nach dem amtlichen Berliner Briefkurs am letzten Börsentage vor dem Verfalltag höher oder niedriger steht als der angegebene Kurs. Bei Zahlung in Devisen (aus eigenen Beständen oder aus Exporteingängen) wird ein Rabatt von 2% auf den in Devisen bezahlten Betrag eingeräumt, außerdem wird bei Vorausbezahlung der Devisen eine angemessene Zinsvergütung gewährt.

12. Vereinigte Hochspannungs-Isolatoren-Werke, G. m. b. H.: Die Ausstellung der Rechnungen erfolgt in der Weise, daß die Grundpreise mit dem im Zeitpunkte der Versandbereitschaft gültigen Multiplikator vervielfältigt werden. Der sich hieraus ergebende Wert wird ausgedrückt in „Verrechnungsmark" (VM) und ist der Zahlung zugrunde zu legen.

Die Bezahlung hat zu erfolgen in Papiermark (M) in der Weise, daß der in Verrechnungsmark (VM) ausgedrückte Rechnungsbetrag in Papiermark umgerechnet wird. Diese Umrechnung erfolgt dergestalt, daß der VM-Betrag multipliziert wird mit dem amtlichen Dollarbriefkurs an der Berliner Börse an dem dem Zahlungstage vorhergehenden Börsentage, geteilt durch die Zahl 4,2 $\left(1 \text{ VM} = \frac{1}{4{,}2}\right)$.

Die Zahlung wird spätestens innerhalb 14 Tagen nach Rechnungsdatum fällig und ist netto, ohne jeden Abzug, frei Kasse des Lieferanten zu leisten. Bei Überschreitung vorstehender Frist werden als Verzugszinsen die jeweils üblichen Banksätze der Großbankenvereinigung für Kreditgewährung (Zinsen, Provisionen und Unkosten) berechnet. Falls bei Zielüberschreitung der Dollarkurs am tatsächlichen Zahlungstage niedriger ist als am letzten Tage obiger Frist, so hat der Dollarkurs des Fälligkeitstages der Rechnung zu gelten.

13. Preisstelle des Zentralverbandes der deutschen elektrotechnischen Industrie: Vereinbart wird ein Grundpreis. Die Rechnung wird ausgestellt in Goldmark (Grundpreis mal Goldfaktor). Der Goldmarkwert der eingehenden Papiermarkzahlungen wurde ursprünglich ermittelt gemäß der Formel: Goldmark $= \frac{4{,}2 \times \text{Papiermarkbetrag}}{\text{Dollarparität}}$, wobei die Dollarparität dem bei Zahlungseingang letztbekannten Neuyorker Schlußgeldkurs für Devise Berlin entsprach. Diese Bedingungen sind gemäß den „Richtlinien" des Reichsverbandes der deutschen Industrie geändert worden.

14. Der Verein Deutscher Maschinenbauanstalten hat zunächst folgende Richtlinien aufgestellt: Die Preisberechnung nach den von den Fachverbänden des Maschinenbaues festgesetzten Teuerungsfaktoren oder ähnlichen Ziffern bleibt bestehen. Um jedoch zwischen zwei Preisfestsetzungen eines Verbandes einen Lieferpreis zu erzielen, der den während dieser Zeit eingetretenen Veränderungen der Verhältnisse entspricht, soll die zuletzt festgesetzte Teuerungsziffer während der Zeit bis zur nächsten Festsetzung nach dem Dollarkurse gleiten. Die Fachverbände geben daher bei Festsetzung einer neuen Teuerungsziffer jeweils auch den zugrunde gelegten (gegebenenfalls abgerundeten) Dollarkurs an und bestimmen, in welcher Höhe (Prozentteile) die täglichen Änderungen des Dollarkurses auch für die Teuerungsziffer Gültigkeit haben sollen.

Diese Richtlinien sind im Oktober 1923 ergänzt und in der im Anhang, Teil C, wiedergegebenen Form herausgegeben worden.

15. Verband der deutschen Rasierapparate-Industrie: Fakturierung in Goldmark, indem die Goldmark nach dem jeweiligen Kurse der Goldankaufsnotierung der Reichsbank berechnet wird.

## b) Grundsätzliche Formen der Kursgleitung.

Kurs und Gestehungskosten. Der Tagespreis soll nach den bisherigen Ausführungen grundsätzlich den Tagesgestehungskosten entsprechen. Diese haben zwar die Tendenz, in ihrer Entwicklung dem Markkurse zu folgen, ändern sich aber doch keineswegs in völliger Übereinstimmung mit ihm. Noch in allen Industriezweigen enthalten die Gestehungskosten Bestandteile, die sich wie die Löhne, Gehälter, Steuern, Frachten u. a. nicht mit dem Kurse ändern, sondern erfahrungsgemäß bei fallender Mark hinter dem Kurse zurückbleiben, bei stabiler oder steigender Mark aber der Kursänderung meist vorauseilen, wenigstens zeitweilig. Läßt man trotzdem den Preis völlig mit dem Kurse gleiten (reine Kursgleitung, Beispiele 1, 2, 4, 5), so muß sich zwischen Preis und Gestehungskosten ein Mißverhältnis ergeben, das bei schwankendem Kurse bald zugunsten des Verkäufers, bald zugunsten des Käufers ist, bisher allerdings fast nur ersteres, weil die Mark im allgemeinen nur gefallen ist. Der Kurs ist also nicht ohne weiteres ein richtiger Maßstab für die Preisgleitung. Das Mißverhältnis zwischen Gestehungskosten und Preis wird um so größer, je seltener der Ausgangspreis auf Grund der Gestehungskosten berichtigt wird; es kann geradezu unerträglich werden, wenn der Ausgangspreis ein für allemal festgesetzt wird und dann fortgesetzt mit dem Kurse gleitet. Das gilt auch, wenn die Kursgleitung nur auf den in Rechnung gestellten Preis bis zur Zahlung angewendet wird.

Gemischte Gleitung. Soweit die Gestehungskosten sich tatsächlich mit dem Kurse ändern, wie z. B. die Preise von Rohstoffen, die aus dem Auslande eingeführt und in ausländischer Währung bezahlt werden müssen, ist natürlich auch die Kursgleitung für den Preis berechtigt. Vielfach läßt man deshalb nur den Teil des Preises mit dem Kurse gleiten, der durch die Verarbeitung ausländischer Rohstoffe bedingt wird, ermittelt aber für den übrigen Teil des Preises nach wie vor in regelmäßigen Abständen oder nach Bedarf Teuerungsfaktoren, oder benutzt statt dessen eine Gleitklausel (Gemischte Gleitung, Beispiele 6, 7).

Teilweise Kursgleitung. Eine ähnliche Wirkung wie mit der gemischten Gleitung wird erreicht, wenn, wie in einigen Industrien, die Kursänderung nur zu einem Bruchteil, etwa 75%, bei der Preisänderung berücksichtigt wird (Beispiele 9, 10), oder wenn sich nur ein entsprechender Teil des periodisch festgesetzten Teuerungsfaktors mit dem Kurse ändert (Beispiel 14). Denn mathematisch ist es gleich, ob man den Ausgangspreis oder den Teuerungsfaktor nur zum Teil mit dem Kursfaktor oder ob man den vollen Preis und den vollen Teuerungsfaktor mit einem Bruchteil des Kursfaktors multipliziert. Sachlich richtig und logisch ist allerdings nur die Teilung des Preises entsprechend der verschiedenen Entwicklung der Gestehungskosten.

Teilweise Kursgleitung, wenn auch anderer Art als in vorstehendem Falle, liegt ebenfalls vor, wenn sich der Preis bis zur Inrechnungstellung nach Teuerungsfaktoren, Material- und Lohnklauseln od. dgl., also grundsätzlich nach den Gestehungskosten ändert, der in Rechnung gestellte Preis bzw. bei Teilzahlungen ein Teil desselben aber bis zur Zahlung rein nach dem Kurse gleitet, sei es, daß der Preis in Goldmark oder in fremder Währung, sei es, daß er in Papiermark bei einem bestimmten Kurse ausgedrückt wird. Auf dieses Verfahren wird in dem Abschnitt E über die Zahlung des Kaufpreises noch näher eingegangen werden.

Kurszwischengleitung. Will man die Kursgleitung auf den Preis auch dann anwenden, wenn die Gestehungskosten sich weder im ganzen noch teilweise unmittelbar mit dem Kurse ändern — und auch in diesem Falle findet die Kursgleitung immer mehr Eingang — dann ist es unbedingt notwendig, den mit dem Kurse gleitenden Preis regelmäßig oder nach Bedarf auf Grund der Gestehungskosten zu berichtigen. Das geschieht denn auch im allgemeinen; vielfach allerdings nur dann, wenn der Markkurs vorübergehend stabil ist oder steigt und das Mißverhältnis zwischen Gestehungskosten und Preis zuungunsten des Verkäufers ist. Dieses Verhalten hat bei den Käufern mit Recht böses Blut gemacht. Am zweckmäßigsten dürfte es in diesem Falle sein, den Preis regelmäßig zu berichtigen, indem nach wie vor in regelmäßigen Zeitbeständen Teuerungsfaktoren ermittelt werden, und indem in der Zeit, die zwischen der Festsetzung zweier Teuerungsfaktoren liegt, der Preis mit dem Kurs gleitet (Beispiel 14).

War beispielsweise am 1. September 1923 bei einem Teuerungsfaktor von 2000000 und einem Kurse von 10500000 der Tagespreis eines Gegenstandes 20000000 M. und wurde erst am 15. September ein neuer Teuerungsfaktor ermittelt, so ändert sich der Tagespreis vom 1.—15. September entsprechend dem Kurse; er war z. B. am 3. September bei einem Kurse von

$$11000000 = \frac{11000000}{10500000} \cdot 20000000 = 21000000 \text{ M.}$$

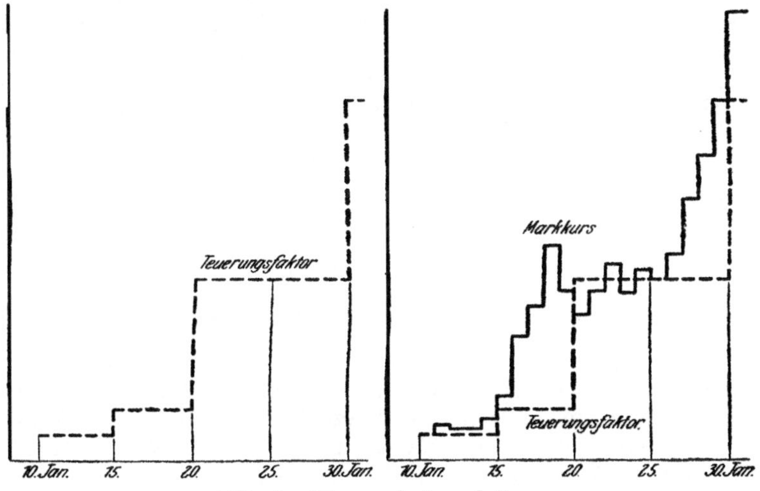


Abb. 3. Kurszwischengleitung.

Man hat also zwei Gleitungen, die eine von Zeit zu Zeit nach Teuerungsfaktoren auf Grund der Gestehungskosten, die andere täglich oder wenigstens in kürzeren Zeiten, nach dem Markkurs. Die erstere läßt sich etwa (Abb. 3) durch eine treppenartige Linie mit verhältnismäßig großen Stufen (gestrichelt), die letztere durch feinere (tägliche) Abstufungen (ausgezogen) zwischen den Hauptstufen darstellen.

Man hat diese Form als Kurszwischengleitung (interimistische Kursgleitung) bezeichnet.

**Zerlegung des Teuerungsfaktors in einen Kursfaktor und einen Goldteuerungsfaktor.** Auf das gleiche kommt es hinaus, wenn man den bisher üblichen Teuerungsfaktor, der, wie bereits ausgeführt wurde, die verschiedenen Teuerungsursachen in einer Ziffer zusammenfaßt, zerlegt, und zwar in einen Geldentwertungs- oder Kursfaktor K und einen Goldteuerungsfaktor T (Beispiele 12 und 13, neuerdings auch 14). Dann ergibt sich, wenn Pa der Ausgangspreis ist, der Tagespreis Pt

$$Pt = Pa \cdot K \cdot T.$$

Hierin ändert sich der Kursfaktor täglich entsprechend dem Markkurse. Der Goldteuerungsfaktor wird wiederum nach Bedarf, oder besser, in regelmäßigen Abständen ermittelt, und zwar in der in Abschnitt III erörterten Weise. (Vgl. Anhang, Teil C.)

Ein Beispiel mag auch dieses Verfahren erläutern. Wählt man als Ausgangspreis den Vorkriegsgoldpreis, dann war der Kursfaktor zur Zeit des Ausgangspreises gleich 1, weil Kursparität bestand. Der Teuerungsfaktor zu dieser Zeit sei ebenfalls gleich 1 gesetzt. An einem beliebigen Stichtage, etwa dem 1. September, ergebe sich auf Grund der Gestehungskosten als Teuerungsfaktor in dem bisherigen Sinne (Geldentwertung und Sachteuerung zusammen) das 2millionenfache des Vorkriegspreises. Der Kurs des Dollars am 1. September war 10,5 Mill. M., die Geldentwertung bzw. der Kursfaktor also $\frac{10,5}{4,2} = 2,5$ Mill., demnach der Goldteuerungsfaktor am 1. September 1923 $\frac{2}{2,5} = 0,8$. In dieser Weise wird fortlaufend der Goldteuerungsfaktor ermittelt und von den Verbänden bekanntgegeben. Von einer Bekanntgabe zur anderen errechnen die Firmen den Verkaufspreis mittels des geltenden Teuerungsfaktors und des jeweiligen Kursfaktors. Wenn letzterer z. B. am 3. September gleich 2,4 Mill. war, so ist der Preis an diesem Tage

$$\begin{aligned} Pt &= Pa \cdot K \cdot T \\ &= 100 \cdot 2400000 \cdot 0,8 = 192000000 \text{ M.} \end{aligned}$$

Kursfaktor und Goldteuerungsfaktor können bei der Bekanntgabe nach außen zu einem einzigen Gesamtteuerungsfaktor zusammengezogen werden.

Wird der Ausgangspreis in stabiler Währung ausgedrückt, so ist der Kursfaktor unveränderlich, und zwar gleich 1. Der Goldteuerungsfaktor dagegen ändert sich in dem Maße, wie sich innere und äußere Kaufkraft der Mark gegeneinander verschieben. Er wird im allgemeinen fallen, wenn die Mark fällt, und steigen, wenn sie steigt oder stabil ist. Während der Kursfaktor für alle Industriezweige gleich ist, sofern sich alle auf die gleiche stabile Währung stützen, ist der Goldteuerungsfaktor für verschiedene Erzeugnisse verschieden, entsprechend den Ausführungen in Abschnitt III.

Man kann den Goldteuerungsfaktor auch in der Weise berechnen — und diese Form wird neuerdings vielfach angewendet —, daß man die einzelnen Bestandteile der Gestehungskosten, Materialpreise, Löhne, Unkosten in Goldmark umrechnet bzw. mit dem festgesetzten Goldbetrage einsetzt und die Veränderung der Goldmarkbeträge verfolgt. Dieses Verfahren zeigt nachstehende

Zahlentafel 5.

| Kostengruppen | Anteil an den Gesamtkosten am Ausgangstage | Einheitspreis am Ausgangstage in Goldmark | Einheitspreis am Stichtage in Goldmark | Veränderung (Vielfache) zwischen Stich- und Ausgangstag | Änderung des Kostenanteils |
|---|---|---|---|---|---|
| Material . . . . . | 60 % | 0,10 | 0,15 | 1,50 | 0,6 · 1,50 = 0,900 |
| Lohn und Unkosten | 40 % | 0,60 | 0,40 | 0,66 | 0,4 · 0,66 = 0,264 |
| | | | | | Goldteuerung = 1,164 |

Der Unterschied dieses Verfahrens gegenüber dem oben geschilderten besteht im Grunde nur darin, daß in dem ersteren Falle ein Gesamtbetrag, in dem letzteren entsprechende Teilbeträge durch den Kursfaktor dividiert werden. Die Sachteuerung infolge unwirtschaftlicher Produktion wird auch bei diesem Verfahren in dem Goldteuerungsfaktor mitberücksichtigt, ist also nicht besonders ersichtlich. Hinsichtlich der Methode entspricht das Verfahren völlig dem in Abschnitt III, insbesondere Zahlentafel 3, geschilderten.

Vorstehende Berechnungsweise scheint steigende Anwendung zu finden. Sie dürfte vor allem dann von Bedeutung werden, wenn die Kursgleitung allgemein Eingang findet (vgl. S. 47).

Allgemeine Einführung der Kursgleitung. Die uneingeschränkte Gleitung des gesamten Preises mit dem Kurse, die ebenfalls vorkommt, muß so lange als falsch bezeichnet werden, wie sie nicht von der gesamten Wirtschaft ohne Ausnahme angewendet wird, d. h. solange nicht sämtliche Preise, Löhne, Gehälter, Steuern, Frachten, kurz sämtliche Geldforderungen mit dem Kurse gleiten. Erst dann würden sich die Gestehungskosten allenthalben unmittelbar mit dem Kurse ändern, und der Gleichlauf zwischen den Gestehungskosten und dem kursgleitenden Preise wäre hergestellt; abgesehen allerdings von der sog. Sachteuerung, die nach wie vor durch Teuerungsfaktoren berücksichtigt werden müßte, wie das oben gezeigt wurde. Der Teuerungsfaktor würde sich dann jedoch nur noch wenig und langsam ändern, da er nicht mehr, wie in obigem Falle, ein Auseinandergehen der inneren und äußeren Kaufkraft der Mark auszugleichen hätte. Er würde wieder die gleiche Bedeutung bekommen wie vor dem Kriege bei beständiger Währung. Immerhin würde er sich stärker und schneller ändern als vor dem Kriege, weil die wirtschaftlichen Verhältnisse noch in starker Umbildung begriffen sind. Es wäre jedenfalls nicht richtig, wollte man bei allgemein eingeführter Kursgleitung die Sachteuerung vernachlässigen und keine Teuerungsfaktoren mehr ermitteln.

Andererseits dürfte die Änderung der Sachteuerung nicht so schnell und so erheblich sein, daß bei allgemeiner Kursgleitung nicht wieder Festpreise während eines Geschäftes möglich wären, vorausgesetzt, daß dessen Abwicklung nicht allzulange dauert. Nur die Ausgangspreise würden von Zeit zu Zeit, wie vor dem Kriege, durch Teuerungsfaktoren zu berichtigen sein. Aus diesen und anderen noch zu erörternden Gründen erscheint die allgemeine Einführung der Kursgleitung wünschenswert.

Man bezeichnet vielfach nur die Preisgleitung rein nach dem Kurse als Goldrechnung. Aber es gilt hier dasselbe, was bereits früher gesagt wurde: die Gleitung auf Grund von Wertziffern und Teuerungsfaktoren, die den Gestehungskosten entsprechen, ist ebenso Goldrechnung wie die Gleitung nach einer fremden Währung. In dem ersteren Falle dient als Vergleichsmaßstab die Vorkriegsgoldmark, in dem letzteren Falle eine ausländische Goldwährung.

Die Kursgleitung kann in verschiedener Form bewirkt werden.

1. Der Ausgangspreis wird in Mark (Papiermark) bei einem bestimmten Kurse angegeben; er ändert sich entsprechend dem Markkurse.

2. Der Preis wird in fremder, stabiler Währung, z. B. Dollar, englischen Pfund, holländischen Gulden usw. angegeben. Die Zahlung erfolgt entweder in dieser Währung oder in Mark, umgerechnet zum jeweiligen Kurse. Der Preis ist dann in der fremden Währung allerdings Festpreis, abgesehen von dem Gleiten mit der Sachteuerung; hinsichtlich der Markwährung dagegen ist er Gleitpreis.

3. Der Preis wird in Goldmark, Festmark, Verrechnungsmark, Grundmark angegeben, wobei 1 Goldmark usw. gleich $\frac{1}{4{,}2}$ Dollar, gleich $\frac{1}{20}$ Pfund usw. Da Goldmark als Zahlungsmittel nicht vorhanden sind, muß auch dieser Preis in Mark

(Papiermark) umgerechnet werden, und zwar über den Kurs der zur Festsetzung der Goldmark od. dgl. verwendeten fremden Währung.

Wahl der Währung. Welcher Kurs als Gleitmaßstab angenommen wird, ob der Kurs des Dollars oder des Guldens oder des Schillings usw., ist davon abhängig, ob die Gestehungskosten einer Industrie hauptsächlich von dem einen oder dem anderen Kurse beeinflußt werden. Die Baumwollindustrie rechnet z. B. mit dem Dollarkurs, weil Baumwolle hauptsächlich gegen Dollar gekauft werden muß; aus entsprechendem Grunde rechnet die Seidenindustrie mit dem Schweizer Franken, die Eisenindustrie mit dem englischen Pfund. In den Richtlinien des Reichsverbandes der deutschen Industrie für die Goldrechnung (Anhang, Teil B) wird der Dollarkurs als einheitlicher Gleitmaßstab vorgeschlagen.

Ausschaltung der Kursschwankungen. Ein Nachteil der Kursgleitung ist es, daß der Kurs zeitweilig stark schwankt, und daß diese Schwankungen weniger wirtschaftliche als politische und spekulative Ursachen haben. Man sucht diese starken spekulativen Schwankungen des Kurses aus der Preisberechnung auszuschalten, indem man dieser einen Durchschnittskurs, etwa der letzten drei Tage oder der letzten Woche zugrunde legt (Beispiel 9), oder indem nur Änderungen des Kurses um eine bestimmte Anzahl Punkte eine bestimmte Änderung des Preises bedingen (Beispiele 8 und 9). Oder man wählt an Stelle des Kurses den Goldankaufspreis der Reichsbank oder das Goldzollaufgeld (Beispiel 15). Beide folgen ja im wesentlichen dem Kurse, aber nicht allen seinen Schwankungen. Beide, Goldpreis und Goldzoll, haben außerdem den Vorteil, daß sie im voraus für eine bestimmte Zeit bekanntgemacht werden, wie das auch bei Teuerungsfaktoren von Verbänden üblich ist.

## C. Formen des Ausgangspreises.

Von welchem Preise bei der Gleitung ausgegangen wird, d. h. welcher Ausgangspreis sich nach Gleitklauseln oder Teuerungsfaktoren oder mit dem Kurse ändern soll, ist für das Verfahren an sich gleichgültig. Hauptsächlich kommen folgende Formen des Ausgangspreises vor:

1. Der Preis vor dem Kriege oder Friedenspreis, d. h. der Preis, der vor dem Kriege galt und in Vorkriegsgoldmark ausgedrückt wurde. Dieser Preis ist als Ausgangspreis bei der reinen Kursgleitung, bei der sich der Preis lediglich mit dem

Kurse ändert, nicht möglich. Denn wie ausgeführt wurde, ist seit der Zeit vor dem Kriege nicht bloß eine Teuerung infolge Geldentwertung, sondern auch eine Sachteuerung eingetreten. Der Vorkriegspreis kann deshalb als Ausgangspreis nur in Betracht kommen, wenn die Kursgleitung mit einem Teuerungsfaktor, sei es einem Gesamtteuerungsfaktor oder einem Goldteuerungsfaktor, verbunden wird. Die nachstehenden Formen des Ausgangspreises sind dagegen sowohl bei reiner Kursgleitung als auch bei Verbindung von Kursgleitung und Teuerungsfaktor anwendbar.

2. Goldmarkpreis, bezogen auf den Vorkriegspreis (berichtigter oder fiktiver Vorkriegspreis). Dieser wird ermittelt, indem der tatsächliche Vorkriegspreis um die inzwischen eingetretene Goldteuerung erhöht oder auch ermäßigt wird. War beispielsweise der Vorkriegspreis für einen Gegenstand 1000 M. und beträgt die Goldteuerung 10%, so ist der berichtigte oder fiktive Vorkriegspreis $1,1 \cdot 1000 = 1100$ M. (Goldmark). Dieser Preis kann nun rein mit dem Kurse gleiten, indem die Goldmark über eine fremde Währung (z. B. 1 Goldmark $= \frac{1}{4,2}$ Dollar) in Papiermark umgerechnet wird; der Goldteuerungsfaktor bleibt hierbei unverändert, also in obigem Beispiel bei jedem Kurse 1,1. Die Kursgleitung kann aber auch berichtigt werden, indem der Goldteuerungsfaktor nach Bedarf oder regelmäßig neu ermittelt und zur Änderung des Ausgangspreises benutzt wird. Es wird dann also der Goldmarkausgangspreis bei einem bestimmten Goldteuerungsfaktor angegeben.

3. Goldmarkpreis, bezogen auf einen beliebigen Zeitpunkt. Dieser unterscheidet sich von dem fiktiven Vorkriegsgoldmarkpreis nur dadurch, daß der Goldteuerungsfaktor für die Umrechnung des Papiermarkpreises in Goldmark nicht, wie in ersterem Falle, auf den Vorkriegsteuerungsfaktor 1, sondern auf den Teuerungsfaktor in einem späteren Zeitpunkt bezogen wird. Wird z. B. der Preis vom 1. Januar 1923 zugrunde gelegt, so wird zunächst der Goldteuerungsfaktor für diesen Zeitpunkt ermittelt und hiermit der Goldmarkpreis.

Betrug z. B. der Preis für einen Gegenstand, der vor dem Kriege 1000 M. kostete, am 1. Januar 1923 1500000 M., so ist der Gesamtteuerungsfaktor $\frac{1500000}{1000} = 1500$, und da der Kursfaktor am 1. Januar 1923 1700 war, so war der Goldteuerungsfaktor am 1. Januar 1923 $\frac{1500}{1700} = 0,9$ und der Goldmarkpreis

$1000 \cdot 0{,}9 = 900$. Dieser Goldmarkpreis und der Goldteuerungsfaktor von 0,9 am 1. Januar 1923 dienen dann wieder, wie unter 2., als Grundlage entweder für die reine Kursgleitung oder für eine berichtigte Kursgleitung.

Man hat mehrfach dieses Verfahren vor dem unter 2. bevorzugt, weil es keinen unmittelbaren Vergleich mit den Vorkriegspreisen gestattet. Das trifft allerdings für den Ausgangspreis zu, aber nicht für den Endpreis. Diesen kann der Abnehmer in allen Fällen mit dem Vorkriegspreis vergleichen, sofern ein solcher überhaupt bekannt ist. Was den Abnehmer interessiert, ist aber weniger der Ausgangspreis als der Endpreis, den er bezahlen muß. Wird ein fiktiver Vorkriegspreis berechnet und der hierfür zugrunde gelegte Sachteuerungsfaktor angegeben, so läßt dieser allerdings, da der Vorkriegsteuerungsfaktor gleich 1 ist, sofort erkennen, ob und in welchem Maße sich der Preis eines Gegenstandes gegenüber der Zeit vor dem Kriege geändert hat. Aber eine etwaige Preiserhöhung (in Gold) läßt sich unschwer durch die angeführten Verteuerungsursachen sachlich begründen.

Es ist auch die Frage aufgeworfen worden, die Preise welches Zeitpunktes als Ausgangspreise dienen sollten. Daß nicht ohne weiteres die Vorkriegspreise benutzt werden können, wurde bereits ausgeführt. Sie bedürfen unter allen Umständen der Berichtigung durch einen Goldteuerungsfaktor. Da dieser aber nur durch Vergleich der Vorkriegspreise mit den Preisen in einem späteren Zeitpunkt gefunden werden kann, so kommt man unter allen Umständen auf diese als maßgebende Grundlage. Es fragt sich nun, welchen Zeitpunkt man wählen soll. Zweifellos einen möglichst späten Zeitpunkt, weil die eingetretene Goldteuerung dann am richtigsten erfaßt wird. Ferner eine Zeit, in der die Verhältnisse, insbesondere die Währung, einigermaßen stabil waren. Denn nur in solchen Zeiten lassen sich die Gestehungskosten und dementsprechend die Preise einigermaßen richtig ermitteln. Das ist aber unmöglich, wenn sich die Währung jeden Tag ändert und die Selbstkosten jeden Tag in einer anderen Papiermark aufgeschrieben werden.

Vorstehende Erwägungen gelten nicht nur, wenn es sich um die Ermittlung von Goldmarkpreisen handelt, sondern ebenso für nachstehende Form des Ausgangspreises in Papiermark.

4. Papiermarkpreis in einem beliebigen Zeitpunkt. Es wird ein Preis, der in einem an sich beliebigen Zeitpunkt den Verhältnissen entsprechend festgesetzt wurde, als Ausgangspreis gewählt. Dieser Preis entspricht einem bestimmten Markkurse (Ausgangskurse). In dem Verhältnis, wie sich der Kurs im Vergleich zum Ausgangskurse ändert, ändert sich auch

der Preis. Ausgangspreis wie berechneter Preis werden hierbei in Mark (Papiermark) ausgedrückt. Diese Form des Ausgangspreises wird meist angewendet, wenn die Kursgleitung mit einem Gesamtteuerungsfaktor verbunden wird. Es hat jedenfalls keinen praktischen Wert, hierbei einen Goldteuerungsfaktor anzugeben. (Vgl. Anhang, Teil C.)

## D. Zusammenstellung der Preisberechnungsformen.

I. Ermittlung des Preises, zu dem verkauft werden soll. Der Verkauf erfolgt

1. zum Marktpreise, sofern ein solcher besteht,

2. zum Tagespreise, der auf Grund der Tagesgestehungskosten berechnet wird, wobei natürlich auch sonstige den Preis beeinflussenden Umstände, z. B. die Marktlage, zu berücksichtigen sind.

Der Tagespreis kann

A. regelmäßig fortlaufend (monatlich, 14tägig, 10tägig, wöchentlich, 5tägig, 3tägig, täglich),

B. nach Bedarf ermittelt werden, und zwar in beiden Fällen (A und B):

a) als absoluter Betrag in Geld (Papiermark, Goldmark, fremder Währung), z. B. für Kohle, Eisen, Kali u. a. Rohstoffe,

b) durch Änderung eines feststehenden Ausgangspreises, indem dieser

α) um einen prozentualen Teuerungszu- oder -abschlag oder Ausgleichsfaktor erhöht oder erniedrigt wird, z. B. im Werkzeugmaschinenbau,

β) mit einem Multiplikator oder Teuerungsfaktor vervielfältigt wird, z. B. vielfach im Maschinenbau, in der Elektrotechnik, in der Textilindustrie.

II. Der Verkaufspreis kann sein:

1. Festpreis, d. h. der beim Abschluß des Geschäftes vereinbarte Preis bleibt unveränderlich bis zur Abwicklung des Geschäftes,

2. Gleitpreis, d. h. der Preis ändert sich nach einem vereinbarten Schlüssel. Die Gleitung des Preises kann sich erstrecken auf einige oder alle Phasen der Geschäftsabwicklung, insbesondere kann der Preis gleiten vom Angebot bis zur Fertigstellung und Inrechnungstellung oder bis zur erfolgten Zahlung.

Die Preisgleitung kann in folgender Weise bewirkt werden:

A. Der vereinbarte Ausgangspreis ändert sich nach einer Gleitklausel (Materialklausel, Lohnklausel, Material- und Lohnklausel, Kohlenklausel u. a.).

B. Der Ausgangspreis ändert sich nach Teuerungsfaktoren, Multiplikatoren, Indizes, Wertziffern, Teuerungszu- oder -abschlägen, Ausgleichssätzen od. dgl.

C. Der Ausgangspreis ändert sich mit dem Markkurse (Kursgleitung). Dies wird erreicht

a) durch Angabe eines Preises in Mark (Papiermark), der sich entsprechend dem Markkurse erhöht oder ermäßigt,

b) durch Angabe des Preises in fremder Währung oder Goldmark (1 Goldmark = 4,2 Dollar = 1 Schilling = 1,25 Schweizer Franken od. dgl.) und Umrechnung in Papiermark über deren Kurs in der betreffenden Währung,

c) durch Festsetzung und Zahlung des Preises in fremder Währung; hierbei ist der Preis in dieser Währung zwar fest, hinsichtlich der Markwährung jedoch veränderlich,

d) bei a) und b) kann die Kursänderung voll oder nur zum Teil, z. B. nur mit 75%, berücksichtigt werden.

Auch kann an Stelle des Tageskurses ein Durchschnittskurs, z. B. der letzten Woche oder der letzten drei Tage, treten.

D. Als Ersatz der Kursgleitung dient teilweise die Gleitung nach dem Goldzollaufgeld oder dem Goldankaufspreis der Reichsbank, die ja beide mehr oder weniger vom Kurse abhängig sind, aber nicht dessen tägliche Schwankungen mitmachen.

E. Schließlich können die Möglichkeiten A—D, insbesondere B und C, kombiniert werden,

a) indem der Preis gleitet, einmal nach Teuerungsfaktoren od. dgl., und zwischen zwei Festsetzungen des Teuerungsfaktors nach dem Kurse (besonders dann angewendet, wenn der Teuerungsfaktor nicht häufig und regelmäßig festgesetzt wird — Kurszwischengleitung),

b) indem der Preis für die ersten Phasen des Geschäftes, meist bis zur Inrechnungstellung, mit Teuerungsfaktoren und dann mit dem Kurse gleitet (Kursgleitung nur für die Zahlung),

c) indem sich der eine Teil des Preises nach einer Gleitklausel, nach Teuerungsfaktoren od. dgl., der andere Teil mit dem Markkurse ändert; ersteres meist für inländische, letzteres für ausländische Gestehungskosten (gemischte Gleitung),

d) indem der Gesamtteuerungsfaktor zerlegt wird in einen Kursfaktor und einen Goldteuerungsfaktor und der Preis gleichzeitig nach beiden Faktoren gleitet.

## E. Der Tagespreis als Grundlage der Geschäftsabwicklung.

Bedeutung des Tagespreises. Der Tagespreis soll nach den bisherigen Ausführungen den jeweiligen Gestehungskosten entsprechen; er soll in demselben Maße wie diese gleiten. Da die Änderung der Gestehungskosten aber nichts weiter ist als der umgekehrte Ausdruck der Geldentwertung, einschließlich Sachteuerung, so ist der Tagespreis nichts weiter als das Maß der Geldentwertung, der Veränderung der Kaufkraft der Mark, und zwar der Kaufkraft hinsichtlich eines bestimmten Gegenstandes, für den eben der Tagespreis gilt.

Der Tagespreis drückt aus, welcher Geldbetrag (in veränderlicher Papiermark) nach seiner Kaufkraft an einem bestimmten Tage einem an sich gleichbleibenden, die gleiche Menge an Material und Arbeit erfordernden Sachwerte entspricht. Wenn der Tagespreis einer Ware sich ändert, was heute vielfach von Tag zu Tag geschieht, so heißt das nicht, daß sich der Wert der Ware, sondern der Wert des Geldes, mit dem die Ware gekauft wird, geändert hat. Dementsprechend ist der Preis einer Ware nicht bloß veränderlich, solange die Ware noch im Entstehen ist und solange sich die Gestehungskosten ändern, sondern der Preis muß für die gleiche Ware unter Umständen jeden Tag ein anderer sein, je nach dem Geldwert an den einzelnen Tagen.

Bei Geschäften, die nicht Zug um Zug erledigt werden, bei denen also Angebot, Abschluß, Lieferung und Kaufpreiszahlung nicht unmittelbar aufeinander folgen, sondern mehr oder weniger lange Zeit auseinander liegen, kann dementsprechend der Tagespreis für jede Phase des Geschäfts ein anderer sein: ein anderer für das Angebot, ein anderer für eine etwaige Anzahlung oder Teilzahlung, ein anderer für die Lieferung und Inrechnungstellung (Fakturierung), ein anderer für die endgültige Zahlung.

Angebot, Abschluß, Lieferung, Inrechnungstellung. Für die ersten Phasen eines Geschäftes bis zur Lieferung und Inrechnungstellung wird diese Auffassung kaum noch bestritten; dagegen bestehen hinsichtlich der Zahlung noch Meinungsverschiedenheiten. Man will häufig den bei Lieferung in Rechnung gestellten Preis als endgültigen ansehen und weigert sich, den zur Zeit der Zahlung geltenden Tagespreis zu zahlen, besonders wenn dieser höher ist als der Liefertagespreis. Bei dieser Auffassung wird immer noch verkannt, daß es gar nicht der Preis ist, der sich ändert, sondern das Geld, mit dem man zahlt.

Zahlung. Gerade für die Zahlung muß es gelten, daß nur derjenige Geldbetrag in Mark der Ware gleichwertig ist, der nominell dem Tagespreise der Ware im Zeitpunkt der Zahlung entspricht. Mit diesem Betrage ist dann aber auch eine Ware als voll bezahlt anzusehen.

Teilzahlungen. Was für den Preis im ganzen gilt, das gilt auch für Teile desselben, also für Anzahlung und Teilzahlungen, wie sie besonders bei langfristigen Geschäften, insbesondere Werk- und Werklieferverträgen, üblich sind. Wird auf den Preis an einem bestimmten Tage ein bestimmter Bruchteil, z. B. $^1/_3$ des Preises an diesem Tage (Tagespreis) bezahlt, so ist damit $^1/_3$ des Preises überhaupt als bezahlt, als abgegolten, anzusehen; vorausgesetzt, daß der Preis richtig ermittelt wurde. Ist jedoch der Preis im Hinblick auf eine andere Zahlungsweise ursprünglich unter dem wirklichen Tagespreise festgesetzt worden, so kann sehr wohl die Abgeltung zum Tagespreise für den Lieferer unbillig sein.

Zahlungsbedingungen. Die vorstehend gekennzeichnete Bedeutung des Tagespreises ist hinsichtlich der Kaufpreiszahlung noch nicht allgemein erkannt worden. Es kommen noch recht widersprechende Zahlungsbedingungen vor. Im wesentlichen lassen sich zur Zeit folgende Hauptformen feststellen.

1. Der Preis gleitet nur bis zur Lieferung bzw. Inrechnungstellung der Ware und ist dann bis zur Zahlung Festpreis. Wird nicht am Fälligkeitstage, der meist kurz auf die Inrechnungstellung folgt, gezahlt, so wird neben Verzugszinsen in der Regel Schadenersatz für Geldentwertung berechnet.

2. Der in Rechnung gestellte Preis ist zunächst ebenfalls fest, aber nur bis zum Fälligkeitstage, d. h. während einer gewissen Zahlungsfrist. Nach deren Ablauf beginnt der Preis wieder zu gleiten, so daß für die schließliche Zahlung der dann geltende Tagespreis maßgebend ist. Der in Rechnung gestellte Preis gilt meist als Mindestpreis. Außerdem werden wie im Fall 1 in der Regel Verzugszinsen für die Zeit von der Fälligkeit des Preises bis zur erfolgten Zahlung, zum Teil auch Schadenersatz für die Geldentwertung verlangt.

3. Der Preis gleitet während der ganzen Dauer der Geschäftsabwicklung bis zur erfolgten Zahlung, so daß der am Tage der Zahlung geltende Tagespreis zu entrichten ist. Der Tagespreis am Fälligkeitstage gilt wiederum meist als Mindestpreis. Vom Fälligkeitstage an werden meist Verzugszinsen, zum Teil außerdem noch Schadenersatz für Geldentwertung verlangt.

Zu diesen Zahlungsbedingungen ist folgendes zu sagen:

Die Einräumung einer Zahlungsfrist, während deren der Preis nicht gleitet, ist bei schwankender Währung grundsätzlich falsch. Der Sachwertlieferer erhält hierbei, wenn die Geldentwertung während jener Frist fortschreitet, nicht den Geldwert, der dem gelieferten, an sich gleichbleibenden Warenwerte entspricht. Man hat überhaupt den Eindruck, als ob die Verluste, die man allgemein beklagt, und die man durch die Goldrechnung zu beseitigen hofft, bisher hauptsächlich durch die aus der Vorkriegszeit herrührende Gepflogenheit der Einräumung einer Zahlungsfrist verursacht werden. Eine kurze Zahlungsfrist nach der Inrechnungstellung erscheint unvermeidlich, weil ja dem Käufer Gelegenheit gegeben werden muß, die gelieferte Ware und die Rechnung zu prüfen. Aber es ist nicht richtig, daß der Preis während dieser Frist nicht gleitet. Solange Zahlungsfristen ohne Preisgleitung gewährt werden, hören Geldentwertungsverluste auch trotz Goldrechnung nicht auf. Denn jeder Tag Zahlungsfrist verursacht einen Geldentwertungsverlust, der proportional ist dem Goldwert der Ware und dem täglichen Geldentwertungsfaktor. Bei der schnellen Geldentwertung, die zeitweilig eingetreten ist, dürfte der tatsächlich erhaltene Preis vielfach noch nicht die Hälfte (in Gold) des in Rechnung gestellten betragen haben.

Zahlungsbedingungen nach Form 1 oder 2 können also für den Warenlieferer außerordentlich verlustbringend werden, erstere natürlich mehr noch als letztere. Richtig erscheint es, daß der Preis bis zur tatsächlich erfolgten Zahlung gleitet, also Form 3.

Gleitung des in Rechnung gestellten Preises. Nach welchem Maßstabe die Gleitung des in Rechnung gestellten Preises bewirkt wird, ob z. B. der Preis nach einer Material- und Lohnklausel, nach Teuerungsfaktoren oder nach dem Kurse (Preis in Goldmark oder fremder Währung) gleitet, ist an sich gleichgültig. Vielfach läßt man, wenn die Gleitung zunächst nach einer Material- und Lohnklausel oder nach Teuerungsfaktoren, also auf Grund der Gestehungskosten, erfolgt, diesen Maßstab nur bis zur Inrechnungstellung gelten, und läßt den in Rechnung gestellten Preis bis zur erfolgten Zahlung mit dem Kurse gleiten, sei es, indem man die Rechnung in Papiermark bei einem bestimmten Kurse, der auf der Rechnung angegeben wird, ausdrückt, sei es, indem man den Papiermarkpreis in Goldmark oder fremde Währung umrechnet. Dieser in Rechnung gestellte Goldpreis ist dann in der Regel bis zur Zahlung Festpreis, wird also von einer etwaigen Sachteuerung nicht mehr beeinflußt. Der in Rechnung gestellte Preis wird gewissermaßen als reine, nicht mehr zweckbestimmte Geldschuld betrachtet. In Wirklichkeit bleibt auch für ihn die Zweckbestimmung bestehen, nämlich dem Verkäufer neuen Einkauf von Ware oder Rohstoff und Arbeit zu ermöglichen, so daß es also auf seine Kaufkraft hinsichtlich dieser Dinge ankommt.

Dieses Verfahren hat gegenüber denjenigen, bei denen der Preis bis zur erfolgten Zahlung nach einem Teuerungsfaktor od. dgl. gleitet, den Vorteil, daß es eine einfachere Abrechnungs-, Buchungs- und Zahlungsweise ermöglicht. Es scheint deshalb mehr und mehr bevorzugt zu werden.

Schadenersatz für Geldentwertung bei verspäteter Zahlung. Wenn der Preis bis zur erfolgten Zahlung gleitet, so erscheint es grundsätzlich nicht richtig, daß dann, wie es vielfach noch geschieht, bei Zahlung nach Fälligkeit neben der Gleitung noch Schadenersatz für Geldentwertung verlangt wird. Dies bedeutet doppelte Berücksichtigung der Geldentwertung; denn diese kommt ja schon zum Ausdruck im Gleiten des Preises, die nichts weiter ist als die Anpassung des Preises an die Geldentwertung, vorausgesetzt natürlich, daß der Gleitmaßstab richtig gewählt wurde.

Verzugszinsen. Doppelte Berücksichtigung der Geldentwertung bedeutet es auch, wenn für Verzugszinsen der für Papiermarkkredite übliche hohe Zinssatz verlangt wird. Denn dieser ist nicht reiner Zins in früherem Sinne, sondern enthält grundsätzlich einen Wagniszuschlag für Geldentwertung. Bei Goldpreisen dürfen im Falle verzögerter Zahlung Verzugszinsen nur nach dem Goldzinssatz berechnet werden. Dieser muß jedoch erheblich höher sein als früher, weil, in Gold gerechnet, große Kapitalknappheit besteht, die allerdings zur Zeit noch durch die Noteninflation verschleiert wird.

Mindesttagespreis (Hausseklausel). Wenn der am Tage der Fälligkeit geltende Tagespreis Mindestpreis sein soll (Hausseklausel), so liegt hierin ein Widerspruch gegen den Grundsatz der Tagespreisberechnung, die ja eine Gleichwertrechnung sein soll. Wenn die Gleitung wirklich der Änderung der Gestehungskosten entspricht, so besteht auch kein sachlicher Grund für eine derartige einseitige Hausseklausel. Nur bei der Kursgleitung, die, wie wiederholt ausgeführt, vorläufig nicht mit der wirklichen Entwicklung der Gestehungskosten übereinstimmt, kann es vorkommen, daß der vom Fälligkeitstage an mit dem Kurse gleitende Preis bei der Zahlung nicht mit dem richtigen, den Gestehungskosten entsprechenden Tagespreise übereinstimmt, und daß der Verkäufer dadurch Schaden erleidet. Es zeigt sich hier wieder, daß die reine Kursgleitung so lange falsch ist und zu Widersprüchen und Unbilligkeiten führt, als sie nur von einigen Wirtschaftskreisen, nicht von der gesamten Wirtschaft angewendet wird, weil nur dann Gestehungskosten und Preis in der Entwicklung gleichlaufen, abgesehen von der bereits erörterten Sachteuerung, die in jedem Fall neben der Kursgleitung berücksichtigt werden muß.

Immerhin kann der Hausseklausel eine gewisse Berechtigung nicht abgesprochen werden, solange und soweit eine völlige Gleichwertrechnung nicht möglich ist, solange insbesondere die Goldrechnung in Form der Kursgleitung nicht allgemein eingeführt ist, so daß Zahlung bei fallender Mark für den Käufer vorteilhafter sein kann als Zahlung bei steigender Mark. Erfahrungsgemäß sind Zahlungen bei steigender Mark zurückgehalten worden und haben sich bei sinkender Mark so gehäuft, daß sie vom Verkäufer nicht zweckentsprechend verwertet werden konnten.

Kurs für die Bewertung der Zahlung. Weniger von grundsätzlicher als praktischer Bedeutung — wenigstens in diesem Zusammenhange — ist die Frage, welcher Tagespreis für die Bewertung der Zahlung gelten soll: der Tagespreis am Tage des Zahlungseinganges beim Verkäufer oder des Zahlungsabganges vom Käufer. Mit anderen Worten: wer trägt die Geldentwertungsverluste, die dadurch entstehen, daß bei den üblichen Zahlungsverfahren der zu zahlende Betrag einige Zeit weder im Besitz des Käufers noch des Verkäufers, sondern unterwegs, z. B. bei der Bank oder bei der Post, ist. Auch in dieser Zeit kann der Geldwert sich ändern, und er hat sich bisher oft an einem einzigen Tage ganz erheblich geändert. Bei der heutigen völlig unzulänglichen Arbeitsweise unserer Banken, die weniger Geldverkehrs- als Spekulationsinstitute geworden sind, dauert eine Überweisung oft eine ganze Reihe von Tagen. Wer hat nun diese Geldwertänderung auf sich zu nehmen, der Käufer oder der Verkäufer oder die übermittelnde Stelle, Bank oder Post? Wenn es sich um eine Bringschuld handelt — und das wird beim Verkaufspreis in der Regel der Fall sein —, dann hat der Käufer den ausbedungenen Betrag beim Verkäufer abzuliefern, also bei Übermittlung durch einen von ihm Beauftragten für etwaige Entwertung aufzukommen. Deshalb wird vielfach ausbedungen, daß die Zahlung zum Preisfaktor oder Kurse am Tage des Einganges der Zahlung bewertet werden soll. Dieser Preisfaktor oder Kurs ist aber dem Käufer bei Absendung der Zahlung noch nicht bekannt. Es ist also eine Nachberechnung erforderlich. Um diese nicht endlos wiederholen zu müssen, wird der nachberechnete Betrag in der Regel zum Kurse am Tage vor der Zahlung bewertet, der dem Zahlenden bekannt sein muß. Dieses Verfahren wird auch bei Teilzahlung des Preises angewendet. Hierbei werden die ersten Zahlungen nach dem Kurse am Eingangstage bewertet, die verbleibende Restzahlung nach dem Kurse am Tage vor Abgang der Zahlung. (Vgl. hierzu die „Richtlinien" des Reichsverbandes der Deutschen Industrie, Anhang, Teil B.)

Eine Frage für sich ist, ob Geldentwertungsverluste dadurch entstehen, daß erhaltene Zahlungen in Mark nicht sofort nach Eingang in Sachwerte umgewandelt oder sonst wertbeständig angelegt werden können. Für solche Verluste kann der Warenlieferer sich wohl nur schadlos halten, indem er von vornherein einen entsprechenden Wagniszuschlag in den Preis einrechnet, sofern das mit Rücksicht auf den Wettbewerb möglich ist.

Zahlungsmittel. Völlig ausschalten lassen sich Geldentwertungsverluste vorstehender Art nur durch einen wertbeständigen Zahlungsverkehr, z. B. über Goldgirokonten, oder durch wertbeständige Zahlungsmittel, wie sie in den Dollarschatzscheinen, den Goldanleihestücken und der Rentenmark bereits geschaffen worden sind; wobei die Frage offen bleiben muß, wieweit diese Zahlungsmittel sich auf die Dauer als wertbeständig erweisen werden. Im übrigen braucht auf das Zahlungsmittel an dieser Stelle nicht weiter eingegangen zu werden, da es sich hierbei nicht um eine Frage der Goldrechnung handelt. Diese wird von der Schaffung neuer Zahlungsmittel nur insoweit berührt, als sie die Aufgabe haben wird, verschiedenwertige Zahlungsmittel miteinander zu verknüpfen. Es kann auch auf die im Anhang, Teil B, abgedruckten Richtlinien des Reichsverbandes der Deutschen Industrie über Goldrechnung verwiesen werden, in denen die Frage der Zahlungsmittel behandelt ist.

## V. Einheitliche Gleichwertrechnung, insbesondere Kursgoldrechnung.

Vorteile einer einheitlichen Wertziffer. Die gesamte bisherige Darstellung läßt erkennen, daß eine richtige Gleichwertrechnung, die folgerichtig von den ersten Aufwendungen für die Erzeugung einer Ware bis zur endgültigen Kaufpreiszahlung durchgeführt wird, nicht ganz einfach ist, weil die verschiedenen Arten von Kosten, aus denen sich die Gesamtkosten und dementsprechend der Preis zusammensetzen, Rohstoffe, Löhne, Gehälter, Frachten, Steuern u. a., von der Geldentwertung verschieden beeinflußt werden, so daß die Preisänderungen der verschiedenen Dinge durch verschiedene Wertziffern ausgedrückt und umgerechnet werden müssen. Die Gleichwertrechnung würde sich verhältnismäßig einfach gestalten, wenn sie mittels einer einzigen Wertziffer erfolgen, d. h. wenn alle Geldbeträge, Rohstoffpreise, Löhne, Gehälter, Frachten, Steuern usw., über diese eine Ziffer gleichmäßig umgerechnet werden könnten. Diese Rechnung wäre aber nur richtig, wenn diese eine Wertziffer für alle Preisänderungen richtig wäre. Heute ist das, wie gezeigt wurde, nicht der Fall. Es entsteht nun die Frage: läßt sich dieser wünschenswerte Zustand willkürlich herbeiführen? D. h. läßt sich erreichen, daß sich alle Rohstoffpreise entsprechend einer einzigen Wertziffer ändern, daß die Löhne und Gehälter ebenfalls mit dieser Wertziffer gehen, ebenso Frachten, Steuern usw. Es kommt zunächst nicht einmal so sehr darauf an, welches diese Wertziffer ist und wie sie ermittelt wird, als daß sie völlig einheitlich in der gesamten Wirtschaft angewendet wird. Nur dann treten die Vorteile dieser Berechnungsweise voll in Wirkung.

Als einheitliche Wertziffer kommen in Betracht:

1. der Markkurs, und zwar der tägliche Markkurs,
2. ein Durchschnittskurs,
3. ein Kursersatz, wie der Goldankaufspreis der Reichsbank, das Goldzollaufgeld, die Notierung des Agios für Goldkredit nach dem Vorschlag von Mahlberg od. dgl.,
4. eine einheitliche Wertziffer, die etwa als Mittel aus den wichtigsten Rohstoffpreisen (Kohle, Eisen, Kupfer, Baumwolle, Roggen, Fett) und dem Lohn einer bestimmten Arbeiterkategorie täglich oder mindestens alle drei Tage ermittelt würde.

In der jüngsten Entwicklung hat sich immer mehr der Kurs als Wertziffer durchgesetzt; und es ist wohl nur noch eine Frage verhältnismäßig kurzer Zeit, daß auch der wichtigste Bestandteil der Kosten und des Preises, der Arbeitslohn, in Gold ausgedrückt werden und dem Kurse folgen wird. Der Kurs hat gegenüber den sonstigen Wertziffern den Vorteil, daß er an der Börse täglich festgesetzt wird, und daß für seine allgemeine Bekanntmachung und Anwendung die in vielen Jahren hierfür geschaffenen umfassenden Einrichtungen zur Verfügung stehen; ferner daß der Kurs auch die Kaufkraft der Marknote und der übrigen Zahlungsmittel im Auslande ausdrückt. Ein Nachteil des Kurses gegenüber anderen Wertziffern liegt darin, daß der Kurs die Entwicklung der inneren Kaufkraft unseres Zahlungsmittels nicht richtig wiedergibt, jedenfalls nicht so richtig, wie das angepaßte Wertziffern oder auch eine Durchschnittswertziffer, etwa der unter 4 angegebenen Art, können. Dieser Nachteil läßt sich aber dadurch beheben, daß der Kurs allgemein und einheitlich für die Umrechnung benützt wird, so daß sich alle Preise, Löhne, Gehälter, Steuern, Frachten, kurz alle Geldforderungen, entsprechend dem Kurse ändern. In diesem Falle besteht durchweg Übereinstimmung zwischen der inneren und der äußeren Kaufkraft des Zahlungsmittels und Gleichlauf zwischen Kosten und Preis. Es ist also nur notwendig, die Kursgoldrechnung allgemein und einheitlich einzuführen, um ihren Hauptnachteil zu beseitigen. Ein weiterer Nachteil der Kursrechnung ist es, daß sich der Kurs täglich sprunghaft ändert und vor allem, daß diese täglichen Kursänderungen mehr politische und spekulative als wirtschaftliche Ursachen haben. Im großen ganzen entspricht die Entwicklung des Kurses allerdings der wirtschaftlichen Entwicklung, vor allem der Gestaltung der Zahlungsbilanz. Bei der uneingeschränkten Kursgoldrechnung würden alle Preise jene täglichen, ganz unvorhersehbaren Kursschwankungen mitmachen, und der Geschäfts-, insbesondere der Zahlungsverkehr erhielte einen noch mehr spekulativen Einschlag als bisher[1]). Es entsteht auch die Frage: sollen und können alle Zahlungen, z. B. auch Löhne und Gehälter, täglich nach dem Kurse gezahlt werden? Die Frage stellen, heißt schon, sie verneinen. Soll aber der Lohn für eine Woche nach dem Kurse ausgezahlt werden, der zufällig am Zahltage gilt? Auch das erscheint nicht richtig. Für Löhne, Gehälter und ähnliche Zahlungen ist also, wenn die Kursgoldrechnung hierauf angewendet werden soll, kaum etwas anderes möglich als die Zahlung nach einem Durchschnittskurs oder nach einem irgendwie berichtigten Kurs. Soll hierbei aber der Gleichlauf aller Preise sowie der Gestehungskosten und des Preises aufrechterhalten bleiben, so muß die Preisberechnung nach dem gleichen Durchschnittskurs erfolgen wie die Zahlung der Löhne und Gehälter. Einheitliche, allgemeine Kursgoldrechnung erscheint also nur möglich auf Grund eines Durchschnittskurses. Für Geschäfte mit dem Auslande wird jedoch der tägliche Kurs maßgebend bleiben müssen, weil das Ausland einen Durchschnittskurs kaum anerkennen würde, wenigstens nicht für seine Lieferungen. Hieraus würde sich dann wieder

[1]) Diese Annahme ist durch die Entwicklung im November 1923 bestätigt worden.

ergeben, daß bei Erzeugnissen, die ausländische Rohstoffe enthalten, die Kosten teils nach dem täglichen Kurse, teils nach Durchschnittskursen berechnet werden müßten. Diese Rechnung wäre immerhin noch einfacher als die heute notwendige Rechnung mit dem Kurse und verschiedenen Wertziffern. Bei verhältnismäßig geringem Anteil des ausländischen Rohstoffes an den Kosten würde auch die Rechnung mit dem Durchschnittskurse zulässig sein. Es würde deshalb nur ein verhältnismäßig geringer Teil der deutschen Gesamterzeugung sein, bei dem nicht die Rechnung mit einem einheitlichen Durchschnittskurse möglich wäre.

Soweit Mittel (Gold oder Devisen) zur Verfügung stehen, den Kurs zu regulieren, also einige Zeit auf einem bestimmten Stande festzuhalten — und das muß mit allen Mitteln angestrebt werden —, würden die angegebenen Schwierigkeiten wegfallen oder wenigstens erheblich gemildert werden.

## VI. Zusammenfassung.

Die behandelten Verfahren bezwecken eine einfache Ermittlung und Verfolgung von Kosten- und Preisänderungen.

Kosten- bzw. Preisänderungen können verursacht sein:

1. durch Änderung der Produktionsverhältnisse (Verkürzung der Arbeitszeit, Vermehrung der unproduktiven Arbeit u. a.): echte oder Sachteuerung,

2. durch allgemeine Entwertung des Goldgeldes gegenüber den Waren: Goldteuerung,

3. durch besondere Entwertung des Geldes in einem bestimmten Lande gegenüber dem Goldgelde, z. B. Entwertung der Mark in Deutschland gegenüber dem Dollar: Geldentwertungsteuerung.

Der Einfluß dieser verschiedenen Teuerungsursachen wurde bisher meist in einem Teuerungsfaktor zusammengefaßt. Man berechnete einfach die gesamte Teuerung in Papiermark, indem man feststellte, um wieviel sich der Preis einer Ware in Mark (Papiermark) gegenüber der Zeit vor dem Kriege, also gegenüber dem Preise in Vorkriegs-Goldmark, geändert hat. Durch Einführung der sogen. Goldrechnung, d. h. Angabe der Kosten und Preise in Goldmark, wobei 1 Goldmark $= \frac{1}{4{,}2}$ Dollar ist, wird gewissermaßen der Einfluß der Markentwertung gegenüber dem

Dollar (Ursache 3), ausgeschaltet, und es ist nur noch notwendig, die Änderung der Preise und Kosten infolge der Ursachen 1 und 2 zu berücksichtigen. Hierbei werden wieder diese beiden verschiedenen Ursachen (Sachteuerung und Goldteuerung) meist in einem Teuerungsfaktor (Goldfaktor) zusammengefaßt.

Das Verfahren zur Berechnung der Kosten- oder Preisänderung ist ohne Rücksicht auf die Besonderheit der ändernden Ursachen in allen Fällen das gleiche, wie es in vorliegender Schrift, insbesondere in Abschnitt III, dargestellt wurde. Dieses Verfahren gilt also für die gegenwärtige Goldrechnung ebenso wie für die frühere Papiermarkrechnung, nur daß man jetzt mit seiner Hilfe Goldfaktoren an Stelle der früheren Papiermark-Teuerungsfaktoren berechnet. (Vgl. auch Seite 35.)

Eine Frage für sich ist, ob man den Goldmarkpreis ebenso mit dem in der angegebenen Weise berechneten Goldfaktor gleiten lassen soll, wie früher den Papiermarkpreis mit dem Papiermark-Teuerungsfaktor. Aus dem Goldfaktor ist durch die Goldrechnung, d. h. das Gleiten des Preises mit dem Kurse, die Markentwertung ausgeschaltet, wenigstens soweit, wie die Goldrechnung auf sämtliche Preisbestandteile angewendet wird. Infolgedessen ist die Änderung der Goldmarkpreise geringer und langsamer als früher die Änderung der Papiermarkpreise. Immerhin ändern sich auch die jetzigen Goldmarkpreise stärker und schneller als die Goldmarkpreise vor dem Kriege, weil die wirtschaftlichen Verhältnisse noch in starker Umbildung begriffen sind, und auch weil die Goldrechnung noch nicht allgemein, insbesondere noch nicht überall bei den Löhnen und Gehältern, eingeführt ist. Was vor dem Kriege möglich war, nämlich ein fester Preis für die Abwicklung eines Geschäftes, ist heute noch nicht ohne weiteres möglich. Soweit Goldmarkpreise nicht als Festmarkpreise gelten, sind auf sie die in dieser Schrift gemachten Ausführungen über gleitende Papiermarkpreise ohne weiteres anwendbar.

Wenn man auch den Preis für das einzelne Geschäft als Festpreis gelten läßt, d. h. den bei Abschluß des Geschäftes vereinbarten Preis während der Abwicklung des Geschäftes nicht ändert, so wird man doch unter allen Umständen die Angebotpreise auf Grund der Goldfaktoren, wie sie mittels der dargestellten Verfahren berechnet werden, berichtigen. Insbesondere werden Verbände von Zeit zu Zeit Gold-Teuerungsfaktoren bekanntgeben, die die gleiche Rolle spielen wie die Teuerungsfaktoren vor dem Kriege.

Auf jeden Fall empfiehlt es sich, sowohl für Unternehmungen wir für Verbände, die bisherigen Verfahren laufender Verfolgung der Preisentwicklung vorläufig noch beizubehalten, um sicher zu erkennen, ob und in welchem Maße und aus welchen Ursachen sich die Preisentwicklung ändert, und um jederzeit, wenn größere Schwankungen auftreten, die geeigneten Maßnahmen treffen zu können.

Mehrere wirtschaftliche Verbände und viele Unternehmungen führen diese laufende Verfolgung der Kosten- und Preisentwicklung in der Weise durch, daß sie ihre Erzeugnisse nach dem in Abschnitt III behandelten Verfahren in sogenannte Kosten- oder Bauklassen gliedern, d. h. diejenigen Erzeugnisse, die hinsichtlich der Zusammensetzung ihrer Kosten aus Materialkosten, Lohn und Unkosten ungefähr gleich sind, in einer Kosten- oder Bauklasse zusammenfassen. Die Kosten werden hierbei gemäß den Ausführungen auf Seite 35 in Goldmark ausgedrückt. Es braucht dann nur die Entwicklung der Kostenelemente, insbesondere der Materialpreise, des Lohnes, der wichtigsten Unkostenbestandteile, immer in Goldmark ausgedrückt, verfolgt und für jede Bauklasse der Einfluß der Einzeländerungen auf die Gesamtkosten berechnet zu werden, wie das in Zahlentafel 3 auf Seite 15 bzw. Zahlentafel 5 auf Seite 35 gezeigt wurde. Die Rechnung gestaltet sich in der Praxis verhältnismäßig einfach, so daß es möglich ist, auch bei einer verhältnismäßig großen Zahl verschiedener Erzeugnisse den Einfluß von Materialpreis- und Lohnänderungen schnell festzustellen.

# VII. Anhang.

## A. Begriffsbestimmungen zur Preisberechnung unter dem Einfluß der Geldentwertung.

Herausgegeben von der Kartellstelle beim Reichsverbande der Deutschen Industrie im April 1923[1]).

### I. Preis und Preisberechnung.

1. **Festpreis** ist der beim Abschluß eines Geschäftes vereinbarte Preis, sofern dieser unverändert bleiben soll bis zur Abwicklung des Geschäftes, und zwar ohne Rücksicht auf eine etwaige Änderung der einschlägigen Verhältnisse, z. B. der Gestehungskosten oder des Geldwertes.

2. **Freibleibend** bei Angeboten bedeutet, daß das Angebot schlechthin oder hinsichtlich eines bestimmten Teiles, z. B. des Preises, des Liefertermins, der Menge, der Güte, nicht bindend sein soll.

Bei Abschluß eines Geschäftes wird die Klausel „freibleibend" nur dann Gegenstand des Vertrages, wenn sie bei Annahme des Angebots erneut als Vertragsbedingung (und zwar für einen bestimmten Teil) festgelegt wird.

3. **Preisvorbehalt** (Preisvorbehaltsklausel, Preisklausel) bringt zum Ausdruck, daß der dem Abschluß zugrunde gelegte Preis sich ändern kann, und zwar entweder auf Grund eines bestimmten Schlüssels (vgl. Nr. 5) oder in nicht bestimmter Weise. Letzteres ist dasselbe wie „Preis freibleibend".

4. **Gleitpreis** ist ein Preis, der sich nach einem bestimmten Schlüssel erhöht oder ermäßigt, z. B. entsprechend einer bestimmten Änderung der Gestehungskosten oder des Geldwertes (Kaufkraft).

5. **Gleitklausel** ist eine im Angebot oder in der Auftragsbestätigung enthaltene Bestimmung, die angibt, nach welchem Grundsatz oder Maßstab der angebotene oder beim Abschluß vereinbarte Preis sich ändern soll.

6. **Angebotspreis** ist der im Angebot genannte Preis.

7. **Abschlußpreis** oder Bestellpreis ist der beim Vertragsabschluß vereinbarte Preis.

8. **Ausgangspreis,** vielfach auch Grundpreis genannt (vgl. Nr. 10), ist der Preis, auf den sich etwaige Preisänderungen, z. B. gemäß der Gleitklausel, beziehen.

9. **Endpreis** ist der Preis, der sich auf Grund des Preisvorbehalts endgültig ergibt.

10. **Grundpreis** ist der Preis eines bestimmten Erzeugnisses, nach welchem der Preis ähnlicher Erzeugnisse mit abweichenden Eigenschaften (Abmessung, Güte, Leistung od. dgl.) mittels Aufschlägen oder Abschlägen bestimmt wird.

11. **Richtpreis** ist der Preis, der nach gesetzlicher oder vertraglicher (z. B. in einem Verbande) Bestimmung der Preisbildung zugrunde zu legen ist (vgl. Nr. 10).

---

[1]) Abdrucke dieser Zusammenstellung sind zum Grundpreise von 0,25 M. ( × der jeweiligen Schlüsselzahl des Buchhändlerbörsenvereins) zuzüglich der Auslagen für Porto und Verpackung von der Geschäftsstelle des Reichsverbandes der Deutschen Industrie zu beziehen.

12. **Einkaufspreis** ist der Betrag, der für eine — verändert oder unverändert — weiter zu veräußernde Ware gezahlt wurde.

13. **Einstandspreis** ist der Einkaufspreis, zuzüglich aller Kosten, die durch den Einkauf selbst entstehen.

14. **Gestehungskosten** sind die Kosten, zu denen eine Ware ohne Einrechnung eines Gewinnes hergestellt oder beschafft worden ist.

Bei veränderlicher Währung ist die Geldentwertung zu berücksichtigen.

15. **Tagesgestehungskosten** sind die auf einen bestimmten Stichtag berechneten Gestehungskosten eines Erzeugnisses unter der Annahme, daß sämtliche Aufwendungen an diesem Tage erfolgen könnten.

16. **Marktpreis** (in einem bestimmten Bezirk) ist der in diesem Bezirk auf dem freien Markt unter dem Einfluß von Angebot und Nachfrage im Durchschnitt gezahlte Preis. Einen einheitlichen Marktpreis gibt es also nicht. Die Marktlage, insbesondere Angebot und Nachfrage, und dementsprechend der Marktpreis, können normal oder außergewöhnlich sein (Notmarktlage).

17. **Weltmarktpreis.** Einen einheitlichen Weltmarktpreis, wie vielfach angenommen wird, gibt es nicht. Vielmehr besteht für jedes Land und jede Ware ein Weltmarktpreis, der sich unter dem Einfluß des ausländischen Wettbewerbs in diesem Lande bildet.

18. **Tagespreis** ist der Marktpreis an einem bestimmten Stichtage oder, wenn ein Marktpreis nicht besteht, der auf Grund der Tagesgestehungskosten (Nr. 15) berechnete Preis.

Einen Tagespreis gibt es also für jeden beliebigen Stichtag, z. B. für den Tag des Angebots, für den Tag der Bestellung, für den Tag der Lieferung, wie auch für Tage, an denen Zahlungen (Anzahlung, Teilzahlungen, Restzahlung) fällig sind.

19. **Sachteuerung** (Realteuerung) ist eine Preissteigerung, die sich trotz stabiler Währung ergibt. (Preissteigerung von der Warenseite her.)

20. **Nominalteuerung** ist eine zahlenmäßige Preissteigerung, die lediglich infolge der Geldentwertung in Erscheinung tritt, also gewissermaßen ein anderer Ausdruck für die Geldentwertung.

21. Mit **Teuerungszu- oder -abschlag, Teuerungsfaktor, Teuerungszahl, Ausgleichsatz, Multiplikator** bezeichnet man eine Zahl, mit deren Hilfe, ausgehend von dem Preise an einem bestimmten Stichtage, der Preis an einem anderen Stichtage berechnet wird, indem der Ausgangspreis entweder prozentual erhöht oder erniedrigt, oder indem er vervielfacht wird.

## II. Zahlung und Zahlungsbedingungen.

22. **Reichsmark.** Hierbei wird unterschieden zwischen **Goldmark** und **Papiermark.** Papiermark ist das zur Zeit umlaufende gesetzliche Zahlungsmittel. Die Goldmark ist heute eine rein rechnungsmäßige Währungseinheit, die in einem festen Verhältnisse zu einer stabilen, auf Goldparität stehenden ausländischen Währung steht, z. B. eine Goldmark $= \frac{1}{4,2}$ Dollar. In diesem Sinne wird die Goldmark auch als Verrechnungsmark oder Festmark bezeichnet.

Zuweilen wird als Goldmark auch der Goldankaufspreis der Reichsbank oder das Goldzollaufgeld bezeichnet.

23. **Innere Kaufkraft der Papiermark** ist die durchschnittliche Kaufkraft des umlaufenden Zahlungsmittels im Inlande. Die Kauf-

kraft ist nicht einheitlich. Sie wird vielfach ausgedrückt durch irgendeinen Index, z. B. Lebenshaltungsindex, Großhandelsindex u. dgl.

24. **Äußere Kaufkraft der Papiermark** ist die Kaufkraft des umlaufenden Zahlungsmittels im Auslande. Sie wird durch den Kurs der Papiermark in dem in Betracht kommenden Auslande ausgedrückt.

25. **Gebrochene** oder **gemischte Währung** bedeutet Berechnung eines Teiles des zu zahlenden Betrages in fremder Währung (z. B. Dollar), des anderen Teiles in Papiermark, wobei der in fremder Währung berechnete Teil in dieser Währung oder auch in Papiermark, umgerechnet zum Kurs des Zahltages, gezahlt werden kann.

26. **Abgeltung** einer Zahlung bei gleitendem Preise bedeutet, daß der durch die Zahlung gedeckte Bruchteil des Ausgangspreises nicht der Gleitung unterliegt, sondern abgegolten ist.

Bei Teilzahlungen ist als Ausgangspreis jeweils derjenige Preis anzusehen, der sich gemäß der vereinbarten Gleitklausel für den Fälligkeitstag der Teilzahlung ergibt.

27. **Auffüllung** bedeutet, daß Anzahlung und Teilzahlungen auf den Endpreis mit ihrem Nennwert, ohne Rücksicht auf ihren inneren Wert (Kaufkraft) am Zahltage, angerechnet werden, und daß die Differenz zwischen dem Endpreis und dem Nennwert der Anzahlung und Teilzahlungen nachgezahlt, aufgefüllt wird.

Beispiel: Bestellpreis 300000 M. Zahlungen: $^1/_3$ bei Bestellung, $^1/_3$ nach drei Monaten, $^1/_3$ bei Lieferung. Nach der vereinbarten Gleitklausel ergebe sich als Tagespreis bei der zweiten Zahlung 600000 M., als Endpreis (Tagespreis bei der Lieferung) 1200000 M. Bei dem Abgeltungsverfahren würde durch die Anzahlung von 100000 M. $^1/_3$ des Endpreises, also $^1/_3$ von 1200000 M. = 400000 M. als getilgt angesehen. Bei der zweiten Zahlung sind $^1/_3$ des Tagespreises von 600000 M., also 200000 M. zu zahlen, wodurch wiederum $^1/_3$ des Endpreises getilgt ist. Als Restzahlung sind $^1/_3$ von 1200000 M., also 400000 M., zu zahlen, wodurch der Gesamtbetrag getilgt ist.

Bei dem Auffüllverfahren würde die Anzahlung von 100000 M. am nächsten Zahlungstermin auf $^1/_3$ von 600000 M. (Tagespreis an diesem Tage), also auf 200000 M. aufzufüllen, d. h. es würden auf die Anzahlung noch 100 000 M. nachzuzahlen sein. Außerdem würde die zweite Rate mit $^1/_3$ von 600000 M., also 200000 M., zu entrichten sein. Die so gezahlten 400000 M. würden am Liefertage mit diesem Betrage angerechnet werden, so daß dann im ganzen noch 800000 M. zu zahlen wären.

## B. Richtlinien für die einheitliche Durchführung der Goldrechnung.

Aufgestellt vom Reichsverbande der Deutschen Industrie am 21. September 1923, enthaltend die am 31. Januar 1924 beschlossenen Änderungen und Ergänzungen[1]).

1. Goldrechnungen werden ausgestellt in Goldmark oder in Dollar. 1 Goldmark = 1 Dollar : 4,2.

---

[1]) Abdrucke der Richtlinien sind zum Grundpreise von 0,20 M. (× der jeweiligen Schlüsselzahl des Buchhändlerbörsenvereins) zuzüglich der Auslagen für Porto und Verpackung von der Geschäftsstelle des Reichsverbandes der Deutschen Industrie zu beziehen.

2. Zahlung erfolgt durch:
a) Gold-Giroüberweisungen, Goldscheck, Goldwechsel,
b) Devisen, soweit gesetzlich zulässig,
c) Rentenmark,
d) Dollarschatzanweisungen und — nach freier Vereinbarung — Goldanleihescheine oder ähnliche Anleihescheine,
e) Papiermark.

Die Gutschrift von Zahlungen in vorstehenden Zahlungsmitteln erfolgt nach den jeweiligen, zur Zeit der Zahlung geltenden Beschlüssen des Reichsverbandes der Deutschen Industrie. Vom 31. Januar 1924 bis auf weiteres gilt folgender Beschluß:

Zahlung in Devisen.

Gutschrift von Devisen erfolgt grundsätzlich zu dem am Zahlungsabgangstage letztbekannten amtlichen Briefkurs der Berliner Börse. Bei Zahlung in Dollar erfolgt die Annahme zum Nennwert. Bei Zahlung in anderen als Dollardevisen kann nach freier Vereinbarung die Gutschrift gemäß der Neuyorker Notierung dieser Devisen erfolgen.

Zahlung in deutschen Zahlungsmitteln.

Die Rentenmark wird zum Nennwert genommen.

Gutschrift von Dollarschatzanweisungen, Goldanleihescheinen und ähnlichen Anleihescheinen sowie Papiermark erfolgt zum Briefkurse des dem Zahlungseingangstage nachfolgenden Berliner Börsentages. Hiernach verbleibende Restbeträge werden in Goldmark weitergeführt und nach den vorstehenden Grundsätzen umgerechnet. Soweit es die kalkulatorischen Grundlagen gestatten, wird zur Vermeidung von Buchhaltungsarbeiten und Unkosten dem Verkäufer empfohlen, sich mit dem Käufer allgemein oder für den Einzelfall über eine andersartige Abdeckung der Restbeträge zu verständigen.

Bis auf weiteres kommt eine Repartierungsklausel nicht zur Anwendung.

Für Banküberweisungen und Schecks gilt als Tag des Zahlungseingangs derjenige Tag, an welchem beim Verkäufer die Gutschriftsanzeige eingeht; frühestens aber der Tag, auf welchen die Gutschrift erfolgt.

3. Mit dem Wesen der Goldrechnung unvereinbar und unzulässig sind Bestimmungen, wonach der nach dem Rechnungsdatum oder einem anderen Datum vor der Fälligkeit umgerechnete Papiermarkbetrag als Mindestbetrag für die Zahlung der Goldrechnung in Papiermark bestimmt wird.

4. Bei Zahlungen nach Fälligkeit werden unter Vorbehalt der Geltendmachung anderer Rechte Bankzinsen und -kosten berechnet.

5. Die Richtlinien haben keine rückwirkende Kraft.

## Erläuterungen [1]).

Zu 1. Die Rechnungsstellung in einer anderen Auslandsvaluta als Dollar kann gewisse Vorteile gegenüber dem Dollar zeigen, beson-

---

[1]) Die Fassung der Erläuterungen entspricht im wesentlichen der ursprünglichen Form der Richtlinien (vom 21. September 1923). Nach Einführung der Rentenmark haben sich die Verhältnisse inso-

ders wenn sie seit Jahren üblich war und verschiedene Unkosten, vor allem die Rohstoffe, in dieser Auslandsvaluta zu decken sind. Etwaige Nachteile, die sich in diesen Fällen aus der Dollarfakturierung ergeben, erscheinen aber gering im Verhältnis zu den großen Vorteilen einer einheitlichen Rechnungsstellung in der gesamten Industrie und vielleicht sogar in der gesamten Wirtschaft.

Bei der Wahl des Dollars als Wertmaßstab für die Rechnungsstellung waren folgende Gründe maßgebend:

Der Dollar wird in den meisten Industrien angewandt; Regierung und Reichsbank haben sich bei den Dollarschatzanweisungen, der Goldanleihe und den Gold-Girokonten für den Dollar entschieden; in allen Konsumentenkreisen ist heute der Dollar bekannt und anerkannt. Er zeigt die größte Wertbeständigkeit aller Auslandsvaluten und die beste Deckung, da bekanntlich die Vereinigten Staaten über 40% des Goldes der Welt verfügen. Die Abhängigkeit vom Dollar im deutschen Rechnungswesen zeigt die verhältnismäßig geringsten Bedenken.

Der Dollar muß mit der annähernden Friedensparität von 4,2 Goldmark eingesetzt werden, um nicht bei einer geringeren Goldmarkbewertung beim Abnehmer den Eindruck einer Übervorteilung zu erwecken, wenn auch eine geringere Bewertung etwa mit 4 Mark, die rechnerisch einfachere wäre.

Zu 2. Die Zahlung mit sog. goldwerten oder wertbeständigen Zahlungsmitteln verdient im Geschäftsverkehr den Vorzug gegenüber der zu risikoreichen Papiermarkzahlung. Wenn auch bei beiden Zahlungsarten für die Gutschrift bzw. Umrechnung der Tag nach Zahlungseingang maßgebend ist, so ist der Abnehmer bei der Goldzahlung gewöhnlich im Vorteil, da die Gefahr einer Kursminderung zwischen Abgang und Eingang der Zahlung bei den Goldzahlungsmitteln geringer ist als bei der Papiermarkzahlung.

Am reibungslosesten vollzieht sich die Zahlung durch Gold-Giroüberweisungen. Die Errichtung von Gold-Girokonten soll aber nach Absicht der Reichsbank nur Firmen ermöglicht werden, die in größerem Umfange Devisen einzahlen. Für mittlere und kleinere Firmen kommt die Errichtung von Gold-Girokonten bei der Reichsbank, wenn sie nicht über größere freie Exportdevisen verfügen, nicht in Frage.

Zahlung in Devisen ist nach der Devisenverordnung und deren Ausführungsbestimmungen nur beschränkt möglich.

Es ist gegenwärtig eine der vornehmsten und dringendsten Aufgaben der Verbände, Kartelle und Firmen, darauf hinzuwirken, daß im Geschäftsverkehr die Rentenmark als vollwertiges Zahlungsmittel zum Nennwert angenommen wird.

Bei der Aufstellung der Richtlinien führte die Frage, ob für die Gutschrift der Zahlungsabgang oder -eingang grundsätzlich maß-

---

fern geändert, als der Kurs der verschiedenen deutschen Zahlungsmittel, insbesondere auch der Papiermark, beständig geblieben ist. Die in den Richtlinien ursprünglich zum Ausdruck kommende Zurücksetzung der Papiermark wurde nicht mehr in vollem Umfange aufrechterhalten. Die deutschen Zahlungsmittel werden nach dem Beschluß vom 31. Januar 1924 im wesentlichen gleich behandelt.

Die Bewertung der verschiedenen Zahlungsmittel wird, je nach den Verhältnissen, durch besondere Beschlüsse geregelt.

gebend sein soll, zu langwierigen Erörterungen. Die eingehende Prüfung entschied zugunsten des Zahlungseingangs. Die heutigen Mängel im Bank- und Postverkehr bedingen längere Fristen für die Bewirkung der Gutschrift, so daß zwischen Zahlungsabgang und Eingang der Zahlung ein großes Risiko entsteht. Wenn für die Gutschrift der Zahlung grundsätzlich der Zahlungsabgang maßgebend sein sollte, so würde eine solche Handhabung erhebliche Wagniszuschläge in den Preisen bedingen. Das Einkalkulieren derartiger Wagniszuschläge oder Risikoprämien in die Preise war aber der Hauptschaden der Papiermarkrechnung. Der Hauptzweck der Goldrechnung liegt darin, daß Entwertungs- und Risikozuschläge möglichst aufhören und eine genaue Kalkulation wieder eingeführt wird. Dieser Zweck würde aber durch Wagniszuschläge, wie sie sich notwendig bei einer Gutschrift bei Zahlungsabgang ergeben würden, hinfällig werden. Einer solchen Gutschrift würde auch der Grundsatz des Gleichmaßes zwischen Leistung und Gegenleistung entgegenstehen, dessen Verwirklichung durch die Goldrechnung nach Möglichkeit wiederhergestellt werden soll. Ein Ausgleich für die Gutschrift gemäß Zahlungseingang, die gewiß den Abnehmer belastet, ist darin zu sehen, daß jeder Verkäufer gleichzeitig Käufer ist. Es besteht deshalb die Annahme, daß sich im ganzen die Nachteile einer Gutschrift bei Zahlungseingang gegenüber den Vorteilen ausgleichen. Die Erfahrungen, besonders in der Textilindustrie, die bereits seit Jahren die Goldrechnung eingeführt hat, zeigen, daß jede Gutschriftmethode Mängel besitzt und Anlaß zu Reibungen gibt. Dringende Aufgabe ist es, um das Risiko zwischen Zahlungsabgang und -eingang zu mindern, auf eine Verkürzung der Frist zwischen Abgang und Eingang hinzuwirken.

Da am Eingangstage oft noch keine Verfügungsmöglichkeit über die Eingänge besteht, wurde der nächste Börsentag nach Eingang als neutraler Stichtag festgesetzt. Man will dadurch die Spekulation vermindern. Voraussetzung ist dabei allerdings, daß der Verkäufer bei sinkendem Dollarstande den verminderten Betrag anstandslos entgegennimmt. Im übrigen wird auf Punkt 3 der Richtlinien verwiesen, der nach übereinstimmendem Urteil aller mit der Angelegenheit befaßten Organe des Reichsverbandes die Forderung eines Mindestbetrages gemäß einem Datum vor Fälligkeit auf das schärfste zurückweist.

Wie schon erwähnt wurde, soll die Papiermarkzahlung gegenüber der Goldmarkzahlung zurückgesetzt werden. Die gleichen Gründe, die bei der Goldzahlung maßgebend für die Wahl des Eingangstages waren, sind auch bei der Papiermarkzahlung maßgebend, nur in viel schwerwiegenderem Maße, da die Gefahr einer Wertminderung zwischen Abgang und Eingang bei der Papiermarkzahlung bei weitem größer ist. Eine vollkommen reibungslose Abwicklung erscheint nach aller Erfahrung unmöglich. Einen besonderen Nachteil für den Abnehmer ergeben bei der Papiermarkzahlung die Nachberechnungen. Dieser Nachteil macht sich vor allem im Geschäftsverkehr mit mittleren und kleineren Abnehmern bemerkbar. Trotzdem ist aber die Umrechnung in Goldmark gemäß Zahlungseingang notwendig, da Papiermarkzahlungen, die nach dem Stichtage des Abgangs bewertet werden, oft nur einen geringen Teil der Selbstkosten decken. Auch mittlere und kleinere Abnehmer müssen deshalb an diese Art der Zahlung nach dem Stichtage des Eingangs gewöhnt werden, um einen geordneten und gesunden Zahlungsverkehr durchzuführen. Um die Gewöhnung der Abnehmer an Nachberechnungen zu erleichtern, wird in dem Beschluß zu Nr. 2 ein Entgegenkommen an den Abnehmer empfohlen. In der Farben- und der pharmazeutischen Industrie wird z. B. dieses Entgegenkommen derart gehandhabt, daß der Kunde zunächst mindestens so viel Papiermark zu überweisen hat, wie sich aus einer Umrechnung des Goldmarkbetrages auf Grund des letzten vor dem Zahlungstage geltenden amtlichen Berliner Briefkurses ergibt. Der bei der Gutschrift eines Papiermarkbetrages gegebenenfalls verbleibende Restbetrag wird vom Verkäufer dem Käufer in einem Goldmarkbetrag mitgeteilt. Dieser Restbetrag ist innerhalb 3 Tagen nach Datum dieser Mitteilung in der Weise abzudecken, daß ein Papiermarkbetrag zu zahlen ist, wie er sich auf Grund des letzten vor dem Zahlungstage dieser Restsumme notierten amtlichen Berliner Briefkurses ergibt. Der Restbetrag gilt hiermit als abgegolten.

Da die Gutschrift von Schecks bei den heutigen Bankverhältnissen gewöhnlich eine größere Anzahl von Tagen in Anspruch nimmt, kommen Scheckzahlungen als Barzahlungen nicht mehr in Frage.

Zu dem Punkt 3 ist zu bemerken, daß für Zahlungen nach Fälligkeit die Festsetzung eines Mindestbetrages gemäß einem Kurs ab Fälligkeit zulässig ist.

Zu 4. In die Angelegenheit der Rechtsfolgen bei Zahlungsverzug wollen die Richtlinien absichtlich nicht eingreifen. Allgemein ist die Gefahr des Zahlungsverzuges heute sehr groß. Mit Rücksicht auf die besonderen Erfahrungen soll aber der Zahlungsverzug der Sonderregelung vorbehalten bleiben. Punkt 4 begnügt sich deshalb mit der Feststellung einer allgemeinen und selbstverständlichen Bestimmung.

Zu 5. Mit Rücksicht auf die Erfahrungen, die seinerzeit bei der Bekanntgabe der Leitsätze zur Preisgestaltung und zu Lieferungsfragen gemacht wurden, wird ausdrücklich die selbstverständliche Tatsache hervorgehoben, daß die Richtlinien bei Kontrakten, die vor Bekanntgabe dieser Richtlinien abgeschlossen wurden, keine Anwendung finden können. Aber auch bei neuen Kontrakten bedarf die Geltung der Richtlinien besonderer Vereinbarung.

Die Richtlinien gelten ausdrücklich nicht für sog. Zug-um-Zug-Geschäfte, bei denen unmittelbar und zeitlich zusammenfließend Ware und Geld ausgetauscht werden.

## C. Preisvorbehalt und

Aufgestellt vom Verein Deutscher Maschinenbau-
der Deutschen

Oktober

Für Goldmark-Rechnung und Abgeltungsverfahren.

### 1. Preisvorbehalt.

a) Der Preis ist in Goldmark vereinbart (4,2 Goldmark = 1 Dollar). Er entspricht dem Produkt aus dem vereinbarten Grundpreise × Goldfaktor. Der Goldfaktor kann von Zeit zu Zeit geändert werden. (Ein Festpreis in Goldmark ist zur Zeit noch nicht möglich, da die Preise der Rohstoffe und die Löhne, auch in Gold gerechnet, stark schwanken.)

b) Jede Teilzahlung wird unter Berücksichtigung desjenigen Goldfaktors gutgeschrieben, der am Tage nach Zahlungseingang gilt. Jeder bezahlte Teil des Auftrages nimmt an einer Preisänderung nicht mehr teil; er ist abgegolten.

Die Restzahlung wird mittels desjenigen Goldfaktors berechnet, der am Tage der Schlußabrechnung gilt.

### 2. Fälligkeit der Zahlungen.

a) Die Zahlungen haben ohne jeden Abzug frei Zahlstelle des Lieferers zu erfolgen, und zwar sind ohne Rechnungserteilung und Aufforderung abzusenden, z. B.:

30% am Bestelltage,
30% nach Ablauf der halben angegebenen Lieferzeit, also am ....
30% nach Ablauf von $^3/_4$ der angegebenen Lieferzeit also am ....
der Rest nach Anzeige der Versandbereitschaft, spätestens 7 Tage nach Rechnungserteilung

} Bei umfangreichen, langfristigen Lieferungen behält sich der Lieferer besondere Vereinbarungen bezüglich des Zahlungsplanes vor.

b) Jede Teilzahlung ist vom Besteller zunächst derart zu berechnen, daß der zu zahlende Teil des Grundpreises mit dem zuletzt bekannten Goldfaktor multipliziert wird.

c) Verzögert sich die Lieferung durch unvorhergesehene Hindernisse, die nach den Lieferbedingungen eine Verschiebung des Liefertages zur Folge haben, so verschieben sich entsprechend auch die Fälligkeitstage aller bei Eintritt des Aufschubs noch nicht fällig gewesenen Zahlungen.

---

[1]) Abdrucke in der wiedergegebenen Form, oder für die Goldmark-
schäftsstelle des VDMA gegen Erstattung der Herstellungskosten

## Zahlungsbedingungen.

Anstalten auf Grund der Richtlinien des Reichsverbandes Industrie.

1923[1]).

Für Papiermark-Rechnung und Abgeltungsverfahren.

### 1. Preisvorbehalt.

a) Dem Preise liegt die von dem .... Verband für die Zeit .... festgesetzte (Papiermark-) Teuerungszahl .... zugrunde. Wird diese von dem genannten Verbande geändert, so ändert sich auch der Preis entsprechend.

Die Teuerungszahl ändert sich zwischen zwei Festsetzungen täglich mit dem Dollarkurse.

b) Jede Teilzahlung wird nach Maßgabe der Teuerungszahl gutgeschrieben, die am Tage nach Zahlungseingang gilt.

Jeder bezahlte Teil des Auftrages nimmt an einer Preisänderung nicht mehr teil; er ist abgegolten.

Die Restzahlung wird mittels derjenigen Teuerungszahl berechnet, die am Tage der Schlußabrechnung gilt.

### 2. Fälligkeit der Zahlungen.

a) Die Zahlungen haben ohne jeden Abzug frei Zahlstelle des Lieferers zu erfolgen, und zwar sind ohne Rechnungserteilung und Aufforderung abzusenden, z. B.:

| | |
|---|---|
| 30% am Bestelltage,<br>30% nach Ablauf der halben angegebenen Lieferzeit, also am ....<br>30% nach Ablauf von $^3/_4$ der angegebenen Lieferzeit, also am ....<br>der Rest nach Anzeige der Versandbereitschaft, spätestens 7 Tage nach Rechnungserteilung | Bei umfangreichen, langfristigen Lieferungen behält sich der Lieferer besondere Vereinbarungen bezüglich des Zahlungsplanes vor. |

b) Jede Teilzahlung ist vom Besteller zunächst derart zu berechnen, daß der zu zahlende Teil des Angebotspreises nach dem Verhältnis zwischen dem Dollarkurs des in Ziffer 1 angegebenen Tages und dem am Zahlungstage zuletzt bekannten Dollarkurs geändert wird.

Der Lieferer teilt nach Zahlungseingang dem Besteller mit, welcher Prozentteil des Auftrages auf Grund der inzwischen eingetretenen Veränderung der Teuerungszahl durch die Zahlung abgegolten ist.

c) Verzögert sich die Lieferung durch unvorhergesehene Hindernisse, die nach den Lieferbedingungen eine Verschiebung des Liefertages zur Folge haben, so verschieben sich entsprechend auch die Fälligkeitstage aller bei Eintritt des Aufschubes noch nicht fällig gewesenen Zahlungen

---

rechnung und die Papiermarkrechnung getrennt, sind von der Ge-zu beziehen.

Goldmarkrechnung.

## 3. Zahlungsweise.

Die Zahlungen haben zu erfolgen durch:
a) Goldgiroüberweisung, Goldscheck, Goldwechsel.

b) hochwertige Devisen, soweit gesetzlich zulässig; ferner Rentenmark.

Gutschrift erfolgt am Tage und zum Briefkurse der nächsten Berliner Börsennotierung nach dem Tage des Zahlungseingangs. Die zunächst errechneten Papiermarkbeträge werden nach dem Briefkurse der Berliner Börsennotierung für Auszahlung Neuyork vom Gutschriftstage in Goldmark umgerechnet (1 Dollar = 4,2 Goldmark);

c) — nach freier Vereinbarung — Dollarschatzanweisungen, Goldanleihescheine und andere wertbeständige Effekten. Die Gutschrift erfolgt am Tage und zum Einheitskurse der dem Tag des Zahlungseingangs nächstfolgenden Berliner Börsennotierung. Die Umrechnung erfolgt wie bei b).

Sollte nach Abschluß des Vertrages eine andere Regelung von Zahlungen innerhalb der Wirtschaft sich einbürgern, so behält sich der Lieferer vor, Zahlung auf diese Weise zu verlangen.

d) Solange und soweit Zahlungen in den vorstehend angeführten wertbeständigen Zahlungsmitteln nicht möglich sind, kann in Papiermark gezahlt werden. In diesem Falle hat der Besteller den erforderlichen Papiermarkbetrag auf Grund des bei Überweisung ihm letztbekannten Kurses zu errechnen. Die gezahlten Papiermarkbeträge werden am Tage und zum Briefkurse der dem Tage des Zahlungseingangs nächstfolgenden Berliner Börsennotierung für Auszahlung Neuyork in Goldmark angerechnet.

## 4. Zahlungseingang.

Als Tag des Zahlungseingangs gilt

a) bei Barzahlungen der Tag des Eingangs bei der Lieferfirma;

b) bei Barschecks auf den Platz des Lieferers, die vor 12 Uhr mittags eingehen, der Tag des Eingangs, bei späterem Eingang der nächstfolgende Werktag;

c) bei Überweisung durch Zahlkarte, Postanweisung oder Postscheck der Tag der Auszahlung oder des Eingangs der Gutschriftsanzeige des Postscheckamtes;

d) bei Überweisung über eine Bank, bei Zahlung durch Barscheck, der nicht auf den Platz des Lieferers lautet, sowie bei Verrechnungsschecks der Tag des Eingangs der Gutschriftsanzeige beim Lieferer.

## 5. Spitzenausgleich.

Falls zwischen dem bei Absendung einer Zahlung zugrunde gelegten Goldfaktor und Kurs und dem für die Gutschrift der Bezahlung maßgebenden Goldfaktor und Kurs sich Unterschiede ergeben, so kann sowohl vom Lieferer als auch vom Besteller bereits unmittel-

Papiermarkrechnung.

### 3. Zahlungsweise.

Die Zahlungen haben zu erfolgen durch:
a) Goldgiroüberweisung, Goldscheck, Goldwechsel.

1 Goldmark wird zu $\frac{1}{4,2}$ Dollar angerechnet und am Tage und zum Briefkurs der nächsten Berliner Börsennotierung nach dem Tage des Zahlungseingangs für Auszahlung Neuyork in Papiermark gutgeschrieben.

b) hochwertige Devisen, soweit gesetzlich zulässig; ferner Rentenmark.

Gutschrift erfolgt am Tage und zum Briefkurs der nächsten Berliner Börsennotierung nach dem Tage des Zahlungseingangs.

c) — nach freier Vereinbarung — Dollarschatzanweisungen, Goldanleihescheine und andere wertbeständige Effekten. Die Gutschrift erfolgt am Tage und zum Einheitskurse der dem Tag des Zahlungseingangs nächstfolgenden Berliner Börsennotierung.

Sollte nach Abschluß des Vertrages eine andere Regelung von Zahlungen innerhalb der Wirtschaft sich einbürgern, so behält sich der Lieferer vor, Zahlung auf diese Weise zu verlangen.

d) Solange und soweit Zahlungen in den vorstehend angeführten wertbeständigen Zahlungsmitteln nicht möglich sind, kann in Papiermark gezahlt werden.

### 4. Zahlungseingang.

Als Tag des Zahlungseingangs gilt

a) bei Barzahlungen der Tag des Eingangs bei der Lieferfirma;

b) bei Barschecks auf den Platz des Lieferers, die vor 12 Uhr mittags eingehen, der Tag des Eingangs, bei späterem Eingang der nächstfolgende Werktag;

c) bei Überweisung durch Zahlkarte, Postanweisung oder Postscheck der Tag der Auszahlung oder des Eingangs der Gutschriftsanzeige des Postscheckamtes;

d) bei Überweisung über eine Bank, bei Zahlung durch Barscheck, der nicht auf den Platz des Lieferers lautet, sowie bei Verrechnungsschecks der Tag des Eingangs des Gutschriftsanzeige beim Lieferer.

### 5. Spitzenausgleich.

Insoweit eine Zahlung des Bestellers am Tage nach Zahlungseingang infolge der Veränderung der Teuerungszahl von dem vereinbarungsgemäß fälligen Prozentsatze des Lieferpreises abweicht, kann sowohl vom Lieferer als auch vom Besteller bereits unmittelbar

bar nach der Gutschrift ein entsprechender Spitzenausgleich verlangt werden. Soweit ein solcher nicht erfolgt, werden Restbeträge als nicht abgegoltene Teile des Preises weitergeführt.

Bei einem Spitzenausgleich hat der Lieferer eine erforderlich werdende Rückzahlung spätestens 3 Tage nach Gutschrift der empfangenen Summe, der Besteller eine Nachzahlung spätestens 3 Tage nach Eingang der Spitzenabrechnung des Lieferers zu leisten. Bei der Restzahlung ist für den Spitzenausgleich der bei Abgang der Überweisung letztbekannte Briefkurs der Berliner Börse für Auszahlung Neuyork maßgebend.

### 6. Zahlung nach Fälligkeit.

a) Bei Zahlungen nach Fälligkeit werden unter Vorbehalt der Geltendmachung anderer Rechte die für Goldkredite zu zahlenden Bankzinsen und Kosten berechnet.

b) Außerdem gelten in solchen Fällen der Goldfaktor des Fälligkeitstages als Mindestfaktor und für sämtliche Zahlungsmittel der Kurs des Fälligkeitstages als Mindestkurs.

Papiermarkrechnung.

nach der Gutschrift ein entsprechender Spitzenausgleich verlangt werden. Soweit ein solcher nicht erfolgt, werden Restbeträge als nicht abgegoltene Teile des Lieferpreises weitergeführt.

Bei einem Spitzenausgleich hat der Lieferer eine erforderlich werdende Rückzahlung spätestens 3 Tage nach Gutschrift der empfangenen Summe, der Besteller eine Nachzahlung spätestens 3 Tage nach Eingang der Spitzenabrechnung des Lieferers zu leisten.

Bei der Restzahlung ist für den Spitzenausgleich die letztbekannte Teuerungszahl maßgebend, welche entsprechend der bis zum Tage vor der Zahlung eingetretenen Änderung des Dollarkurses zu erhöhen oder zu erniedrigen ist (vgl. Ziffer 1b).

### 6. Zahlung nach Fälligkeit.

a) Bei Zahlung nach Fälligkeit gilt die Teuerungszahl des Fälligkeitstages als Mindestzahl.

b) Für überfällige Beträge werden außerdem unter Vorbehalt der Geltendmachung anderer Rechte die für Goldkredite zu zahlenden Bankzinsen und Kosten berechnet.

c) Geht die Schlußzahlung später als 7 Tage nach Fälligkeit ein, so behält sich der Lieferer vor, eine Nachzahlung entsprechend der am Tage nach Zahlungseingang gültigen Teuerungszahl zu fordern.

Zweiter Teil.

# Die Goldbilanz.

## I. Was ist eine Goldbilanz?

Wenn man heute von Goldbilanzen spricht, so versteht man darunter Bilanzen, in der alle Werte in Gold ausgedrückt sind, wie vor dem Kriege, während in den Bilanzen der letzten Jahre ein Teil der Werte, wie früher, in Gold, die übrigen Werte in Papiermark verschiedener Wertigkeit angegeben waren. Man hat also in den Bilanzen der letzten Jahre Werteinheiten einander gleichgesetzt, die so verschieden sind wie etwa englische Pfund, schweizer Franken, deutsche Papiermark. Nunmehr hat man aber allgemein eingesehen, daß dieses falsche Verfahren nicht länger haltbar ist, sondern daß die Bilanzen wieder in einem einheitlichen Wertmesser aufgestellt werden müssen. Allgemein ist auch die Ansicht, daß dieser einheitliche Wertmesser die Goldmark sein muß, und zwar eine Goldmark, die in fester Beziehung zu einer stabilen Goldwährung, insbesondere dem amerikanischen Dollar, steht. Jedenfalls ist dieser Maßstab in der Verordnung vom 28. Dezember 1923 über die Aufstellung von Goldmarkbilanzen öffentlich vorgeschrieben worden.

Dementsprechend ist bei der Aufstellung der neuen Goldbilanz grundsätzlich folgendermaßen vorzugehen. Soweit diese sich auf die bisherigen Bilanzen oder auf die Buchführung, die ja bisher ebenfalls Goldmark und verschiedenwertige Papiermark als gleichwertig behandelt hat, stützt, sind in Papiermark ausgedrückte Bewertungen, mögen es Aktiven oder Passiven sein, auf Goldmark umzurechnen, indem der Papiermarkbetrag durch den entsprechenden Entwertungsfaktor der Mark, ausgedrückt durch den Dollarkurs, dividiert wird. Wie hierbei im einzelnen zu verfahren ist, wird im folgenden gezeigt werden.

Soweit eine Bewertung auf Grund der Inventur erfolgt, wird im allgemeinen der Wert von vornherein in Gold berechnet oder geschätzt werden, indem man z. B. den in der Regel bekannten Vorkriegsgoldwert entsprechend der am Bilanztage bestehenden Sach- und Goldteuerung berichtigt, sofern nicht überhaupt der Vorkriegsgoldwert eingesetzt wird (Näheres unten).

Man ist verschiedener Ansicht darüber, ob die Umrechnung von Papiermark in Goldmark über den Dollarkurs für die Aufstellung der Goldbilanz richtig ist, oder ob nicht die Umrechnung über verschiedene Wertziffern oder Indizes, die der ungleichen Kaufkraft der Mark hinsichtlich verschiedener Dinge entsprechen, genauer ist.

Bei der Erfolgsbilanz für die zurückliegende Zeit ist die Umrechnung über angepaßte Wertziffern richtiger[1]); für die neue Eröffnungsbilanz dagegen kann die Umrechnung über den Kurs erfolgen, wenn die an die Eröffnungsbilanz anschließende Buchführung ebenfalls in Goldmark, berechnet über den Kurs, vorgenommen wird. Die über den Dollarkurs aufgestellte Eröffnungsbilanz ist in Wahrheit eine Dollarbilanz, d. h. sie weist das Vermögen in Dollar (dividiert durch 4,2) aus.

## II. Die gesetzlichen Bestimmungen für die Bilanz.

An gesetzlichen Bestimmungen kommen für die Aufstellung einer Goldbilanz zur Zeit (Anfang Januar 1924) in Betracht:

1. Die Bestimmungen des Handelsgesetzbuches und zwar:

Allgemein, d. h. für alle Kaufleute und für Bilanzen überhaupt die §§ 39—41,
für die offene Handelsgesellschaft die §§ 118—122,
„ „ Aktiengesellschaften die §§ 260—262,
„ „ Kommanditgesellschaften die §§ 166—167,
„ „ Gesellschaften mit beschränkter Haftung § 42 des Gesetzes über die G. m. b. H.

Vorstehende Bestimmungen gelten für die neue Golderöffnungsbilanz ebenfalls soweit, wie sie durch die nachstehenden Verordnungen und Gesetze nicht außer Kraft gesetzt worden sind, worüber an den einschlägigen Stellen Näheres ausgeführt werden wird.

2. Die Verordnung über die Aufstellung einer Goldmarkbilanz vom 28. Dezember 1923. Diese Verordnung bezieht sich auf die sog. Handelsbilanz, die jeder Kaufmann aufstellen muß; sie ist eine Ergänzung und teilweise Änderung des Handelsgesetzes.

3. Die Steuernotverordnung vom 19. Dezember 1923. Diese Verordnung betrifft das Steuerrecht; sie ist auf die Goldbilanz

[1]) Vgl. den ersten Teil dieser Schrift.

insofern von Einfluß, als in ihr Bewertungsvorschriften enthalten sind. Auf diese wird an den einschlägigen Stellen eingegangen werden.

4. Das Gesetz über die Bilanzierung wertbeständiger Schulden vom 29. November 1923. Dieses Gesetz wurde vor dem Erscheinen der Verordnung über die Goldbilanz erlassen und ist wohl als durch diese Verordnung überholt anzusehen.

## III. Zwecke und Arten der Bilanz.

Die Ansichten über die Aufstellung von Goldbilanzen gehen stark auseinander. Das ist nicht zuletzt darauf zurückzuführen, daß nicht immer der gleiche Zweck, dem die Bilanz dienen soll, ins Auge gefaßt wird.

Bekanntlich wurden bisher Bilanzen für folgende Zwecke aufgestellt:

A. Eine Bilanz, die dem bilanzierenden Unternehmen selbst Klarheit über Stand und Änderung seines Vermögens geben sollte. Diese Bilanz ging soweit ins Einzelne, wie es mit Rücksicht auf die gegebenen Unterlagen (Buchhaltung) und die durch Aufstellung der Bilanz verursachte Arbeit angebracht erschien. In ihr wurde nichts beschönigt, verschleiert oder frisiert. Diese Bilanz wurde nicht veröffentlicht, sondern diente nur internen Zwecken (interne Bilanz).

B. Eine Bilanz als Grundlage zur Ermittelung des zu verteilenden Gewinnes oder eines etwaigen Verlustes. Da bei den Unternehmungen das privatwirtschaftlich und volkswirtschaftlich berechtigte Bestreben besteht, die Unternehmungen selbst innerlich zu stärken, indem nicht aller Gewinn verteilt, sondern in Form von stillen Reserven, also in Werten, die in der Bilanz nicht erscheinen, angesammelt wird, so entsprach diese Bilanz nicht immer unbedingt der Wirklichkeit und unterschied sich hierdurch von der unter A) erwähnten Bilanz. Veröffentlicht wurde in der Regel die hier unter B) gekennzeichnete Bilanz (Offizielle oder Handelsbilanz).

C. Eine Bilanz als Grundlage für die Besteuerung (Steuerbilanz). Die Notwendigkeit hierzu ergab sich daraus, daß für die Besteuerung von Vermögen und Vermögensvermehrung (Gewinn) andere Gesichtspunkte maßgebend sind als für die Aufstellung der internen Bilanz und der offiziellen Bilanz. Die Steuerbilanz entstand vielfach unter Mitwirkung der Steuerbehörde und auf Grund besonderer Bewertungsvorschriften der Steuerbehörde.

Diese verschiedenen Bilanzen stimmen grundsätzlich zwar überein, aber im einzelnen, insbesondere in der Bewertung, ergeben sich Abweichungen, die durch den verschiedenen Zweck bedingt sind.

Wünschenswert wäre zwar eine Übereinstimmung wenigstens der offiziellen und der Steuerbilanz, weil die Aufstellung mehrerer Bilanzen naturgemäß entsprechende Mehrarbeit verursacht; aber dieser Wunsch wird künftig ebensowenig wie früher erfüllbar sein. Die in der Steuernotverordnung vom 19. Dezember 1923 enthaltenen Bewertungsvorschriften dürften von den meisten Unternehmungen kaum als zweckmäßig für ihre offizielle Bilanz angesehen werden. Eine interne Bilanz wird, wenigstens in der Form einer Ergänzung zu einzelnen Bilanzposten, wohl immer für notwendig gehalten werden. Nach zehnjährigem Wirrwarr in der Wirtschaft wie in der Buchhaltung und Bilanzierung wird jedes ordentliche Unternehmen das Bedürfnis haben, sich wieder einmal Klarheit darüber zu verschaffen, wie seine wirkliche Vermögenslage, in Gold gerechnet, ist. Meist wird man wohl so vorgehen, daß man zunächst eine interne Goldbilanz aufstellt und hieraus die offizielle (Handels-) Bilanz und nötigenfalls die Steuerbilanz ableitet. Deshalb soll zunächst die interne Goldbilanz behandelt werden.

## IV. Die interne Goldbilanz.

Auch der Zweck der internen Bilanz kann verschieden sein. Es kann sich sowohl darum handeln, den Stand des Vermögens zur Zeit der Bilanzierung darzustellen, als auch die Änderung des Vermögens, den wirtschaftlichen Erfolg, festzustellen. Dementsprechend wird unterschieden zwischen:

A. Vermögensbilanz oder Vermögensaufstellung (Zustandsbilanz, statische Bilanz),

B. Erfolgsbilanz oder Erfolgsrechnung (Änderungsbilanz, dynamische Bilanz).

Diese Unterscheidung ist vor dem Kriege in der Praxis kaum beachtet worden, wird aber bei der Rückkehr zur Goldbilanz — wenigstens für die erste neue Goldbilanz — von Bedeutung, wie aus folgendem hervorgehoben wird.

### A. Die interne Vermögensaufstellung.

Will ein Unternehmen feststellen, welches Vermögen in Gold es gegenwärtig tatsächlich besitzt, so wird es eine Bilanz aufstellen müssen, die von früheren Bilanzen vielfach abweicht, es wird z. B. Vermögensgegenstände, die in früheren Bilanzen etwa nur mit 1 M. bewertet sind, in die neue Goldbilanz mit ihrem wahren Werte einsetzen, wobei es dem besten Wissen und Gewissen des Bilanzierenden überlassen bleiben muß, wie er die Bewertung im einzelnen vornehmen will. Eine solche wahre Bilanz wird also vielfach nicht die Kontinuität mit früheren Bilanzen wahren können. Auch Abweichungen von den gesetzlichen Bewertungsvorschriften, die ja keineswegs zu unbedingt richtiger Bewertung führen, sind bei dieser internen Bilanz an sich zulässig. In der Regel wird man aber die gesetzlichen Vorschriften, die meist im Interesse der Gläubiger erlassen worden sind und durchweg auf eine vorsichtige Bewertung hinzielen, beachten müssen.

Im einzelnen gelten folgende Grundsätze für die Aufstellung einer internen Vermögensbilanz.

1. Grundlagen der Bewertung. Die früher für die Bewertung gültigen Grundsätze, die insbesondere in §§ 40 und 261 des Handelsgesetzbuches gegeben sind, gelten grundsätzlich auch noch unter den gegenwärtigen Verhältnissen, soweit nicht in den neuen Verordnungen etwas anderes bestimmt ist.

Nach § 40 des HGB., der für sämtliche Kaufleute gilt, sind bei der Aufstellung des Inventars und der Bilanz sämtliche Vermögensgegenstände und Schulden nach dem Werte einzusetzen, der ihnen in dem Zeitpunkte beizulegen ist, für welchen die Aufstellung stattfindet.

Nach § 261 des HGB. kommen für die Aktiengesellschaften die Vorschriften des vorerwähnten § 40 mit folgenden Maßgaben zur Anwendung:

1. Wertpapiere und Waren, die einen Börsen- oder Marktpreis haben, dürfen höchstens zu dem Börsen- oder Marktpreise des Zeitpunktes, für welchen die Bilanz aufgestellt wird, sofern dieser Preis jedoch den Anschaffungs- oder Herstellungspreis übersteigt, höchstens zu dem letzteren angesetzt werden;

2. andere Vermögensgegenstände sind höchstens zu dem Anschaffungs- oder Herstellungspreis anzusetzen;

3. Anlagen und sonstige Gegenstände, die nicht zur Weiterveräußerung, vielmehr dauernd zum Geschäftsbetriebe der Gesellschaft bestimmt sind, dürfen ohne Rücksicht auf einen geringeren Wert zu dem Anschaffungs- oder Herstellungspreise angesetzt werden, sofern ein der Abnutzung gleichkommender Betrag in Abzug gebracht oder ein ihr entsprechender Erneuerungsfonds in Ansatz gebracht wird.

Die gleichen Bestimmungen wie für die Aktiengesellschaften gelten hinsichtlich der Anlagen (§ 261, Absatz 3) auch für die Gesellschaft m. b. H. (§ 42 des Gesetzes über die Gesellschaften mit beschränkter Haftung).

Die neue Verordnung über die Goldmarkbilanz bestimmt, daß die §§ 42 des G.-m.-b.-H.-Gesetzes und 261 des HGB. auf die Eröffnungsgoldbilanz — nur auf diese — der Aktiengesellschaften, der Kommanditgesellschaften auf Aktien und der Gesellschaften m. b. H. insoweit keine Anwendung finden, als sie die Bewertung über den Anschaffungspreis oder Herstellungspreis untersagen (§ 4 der Verordnung). Diese Gesellschaften können also bei der Eröffnungsbilanz ebenfalls nach § 40 HGB. verfahren, d. h. den Wert einsetzen, der einem Vermögensgegenstande am Bilanztage beizulegen ist. Über diesen Wert können nun die Ansichten sehr auseinandergehen. Der einem Vermögensgegenstande beizulegende Wert kann verschieden sein, je nach dem Gesichtspunkt der Bewertung. Man wird z. B. den Wert einer Fabrikationseinrichtung, etwa einer Maschine, anders beurteilen, wenn man sein Unternehmen liquidieren, also die Maschine verkaufen, als wenn man den Betrieb fortsetzen und weiterhin mit der Maschine arbeiten will. Bisher war es fast allgemein üblich, auch bei ordentlichen Einzelkaufleuten, Vermögensgegenstände höchstens mit dem Anschaffungs- oder Herstellungspreis zu bewerten, d. h. also allgemein den § 261 HGB. anzuwenden. An dieser bewährten Gepflogenheit werden ordentliche Unternehmungen wohl auch jetzt, trotz § 4 der neuen Verordnung, festhalten. Untersagt ist das durch die Verordnung jedenfalls nicht.

Für die wahre interne Bilanz wird man dann aber den Begriff Anschaffungs- oder Herstellungspreis richtig auslegen müssen. Bisher verstand man hierunter den tatsächlich (in Gold) gezahlten Preis. Dieser ist nun für den gleichen Gegenstand verschieden je nach der Zeit der Anschaffung. Das war auch vor dem Kriege so, aber die Unterschiede waren damals so gering, daß man sie vernachlässigen konnte. Dagegen war infolge der Geldentwertung der Anschaffungs- bzw. Herstellungspreis eines Gegenstandes in den ersten Jahren nach dem Kriege vielleicht nur ein Drittel oder die Hälfte des Preises vor dem Kriege und beträgt jetzt vielleicht das Doppelte. Es wäre sachlich falsch, Gegenstände, die an sich völlig gleichwertig sind, in der internen Vermögensbilanz so verschieden zu bewerten. Man wird vielmehr alle Vermögensgegenstände nach einem Anschaffungspreise bewerten müssen, der zwischen dem Vorkriegspreis und dem gegenwärtigen Preise liegt, indem angenommen wird, daß weder die gegenwärtigen Preise aufrechterhalten, noch daß die Preise in absehbarer Zeit auf den Vorkriegsstand zurückgehen werden. Da die Preise auf dem Weltmarkte Ende 1923 etwa das 1,5fache des Vorkriegspreises waren, wird man etwa den 1,25fachen Vorkriegspreis als Maßstab nehmen können. Es steht aber auch nichts im Wege, vorsichtigerweise den Vorkriegspreis einzusetzen, zumal auch die erwähnte Steuernotverordnung vom 19. Dezember 1923 diesen Maßstab zuläßt, wenigstens für Anlagengegenstände; für Rohstoffe, halbfertige und fertige Waren, schreibt diese Verordnung allerdings den Preis vom 31. Dezember 1923 vor. Der vorsichtige Kaufmann wird in seiner internen Bilanz und auch in der offiziellen Handelsbilanz die Rohstoffe, halbfertigen und fertigen Waren ebenfalls höchstens mit dem 1,25fachen Vorkriegspreise einsetzen.

Genau genommen, erscheint auch die Bewertung nach dem Vorkriegs-Anschaffungspreis noch zu hoch, wenigstens für Anlagengegenstände. Im Grunde sollte ein Unternehmen, das nicht liquidieren, sondern weiterarbeiten will, seine Anlagengegenstände nach ihrer Ertragfähigkeit bewerten. Es ist nun wohl nicht zweifelhaft, daß die deutschen Unternehmungen in den nächsten Jahren einen geringeren Ertrag abwerfen werden als vor dem Kriege. Dementsprechend müßten die Unternehmungen auch ihre Anlagengegenstände entsprechend geringer bewerten als vor dem Kriege. Schätzt man z. B. den Ertrag (Dividende) der deutschen Unternehmungen in den nächsten Jahren auf $^2/_3$ des Ertrages vor dem Kriege, so würden auch die Anlagen nur mit $^2/_3$ des Vorkriegswertes anzusetzen sein.

2. Wertminderungen (Abschreibungen). Von den wie vorstehend ermittelten Anschaffungs- oder Herstellungspreisen sind die seit der Anschaffung bis zum Bilanztage eingetretenen Wertminderungen abzusetzen. Der buchmäßige Ausdruck hierfür sind die Abschreibungen.

Solche Wertminderungen entstehen bei Anlagengegenständen durch Abnutzung, Altern und Veralten; und zwar entstehen sie unabhängig davon, ob entsprechende buchmäßige Abschreibungen vorgenommen werden oder nicht. Diese Wertminderungen sind im Grunde Wertumwandlungen: die Anlagewerte, Gebäude, Maschinen usw. werden bei der Fabrikation allmählich (solange sie benutzt werden) in Erzeugnisse verwandelt. In jedes Erzeugnis fließt gewissermaßen ein Teil der Fabrikgebäude, Maschinen usw., die zur Herstellung des Erzeugnisses dienen. An Stelle der Wertminderungen der Anlagen entsteht also an anderer Stelle eine Wertvermehrung in Gestalt von Erzeugnissen.

Bei Anlagengegenständen (Gebäuden, Maschinen und sonstigen Fabrikationseinrichtungen) wird die bei diesen Gegenständen durch Abnutzung, Altern und Veralten auftretende Wertminderung in der Regel in der Weise berechnet, daß die voraussichtliche Benutzungsdauer des Gegenstandes so gut wie möglich geschätzt, und daß der ursprüngliche Wert (Anschaffungspreis) durch diese voraussichtliche Benutzungsdauer dividiert wird. Hierdurch ergibt sich die jährliche Wertminderung oder sachlich gerechtfertigte Abschreibungsquote. Wenn beispielsweise die Benützungsdauer einer Maschine, deren Anschaffungspreis 1000 Goldmark beträgt, auf 10 Jahre geschätzt wird, so vermindert sich der Wert dieser Maschine jährlich um $^1/_{10}$ des ursprünglichen Wertes, also um 100 Goldmark.

Ist die Form der Abschreibung gewählt worden, daß die Anlagengegenstände auf der Aktivseite der Bilanz mit ihrem ursprünglichen, unverminderten Werte eingesetzt werden, und daß als Gegenposten auf der Passivseite der Bilanz ein Erneuerungsfonds in Höhe der eingetretenen Wertminderung der Anlagen gebildet worden ist (§ 261 HGB., Abs. 3), so ist dieser Erneuerungsfonds in der Regel nur ein Rechnungsposten, der angibt, welcher Anteil am Vermögen der Unternehmung den Wertminderungen der Anlagen entspricht, d. h. welcher Teil des Anlagenwertes sich in Werte anderer Form umgewandelt hat. Es handelt sich gar nicht um einen echten Fonds, sondern um ein Konto. Ist jedoch tatsächlich ein Fonds gebildet worden, indem etwa der Betrag der Abschreibungen ganz oder zum Teil in Werten, z. B. Wertpapieren, angelegt worden ist und haben diese sich entwertet (Staatsanleihe), so müssen diese Wertpapiere natürlich entsprechend ihrem Werte am Bilanztage eingesetzt werden. Auf diese Weise ergibt sich dann der Wert des Erneuerungsfonds. Zu berücksichtigen ist jedoch gegebenenfalls ein sogenannter Ausscheidungsanspruch, etwa an das Effektenkonto.

Ist kein echter Erneuerungsfonds gebildet worden, sondern sind die Abschreibungen lediglich Buchungsposten, so hat es nach vorstehendem keinen Sinn, sie zu bewerten, indem etwa in Papiermark ausgedrückte Abschreibungen durch den entsprechenden Faktor der Geldentwertung dividiert werden. Die Abschreibungen stellen ja überhaupt keine Werte dar. Die Frage ist lediglich, ob für die tatsächlich — unabhängig von den buchmäßigen Abschreibungen — eingetretenen Wertminderungen Gegenwerte an anderer Stelle, z. B. in Erzeugnissen, vorhanden sind. Das aber ergibt sich erst aus dem Gesamtbild der Bilanz, insbesondere aus der Gegenüberstellung einerseits der aktiven Vermögenswerte und andererseits der echten Schulden und des Eigenkapitals. Sind z. B. die Aktiven ohne Berücksichtigung der tatsächlichen Wertminderungen nur gerade gleich dem Eigenkapital und den Schulden oder gar kleiner, so sind in Wahrheit keine Abschreibungen erfolgt, mögen diese auf dem Papier noch so groß sein, vielleicht alle Anlagen bis auf 1 Mk. „abgeschrieben" sein. Oder mit anderen Worten, das Unternehmen hat so viel von seiner Substanz verloren, wie die tatsächlichen Wertminderungen der Anlagen ausmachen.

Ob die Wertminderungen nach 1913 in der Buchhaltung und in den Bilanzen richtig durch „Abschreibungen" ausgedrückt wurden, ist für die Aufstellung der neuen wahren Goldbilanz an sich gleichgültig. In dieser werden die Anlagengegenstände auf jeden Fall bewertet nach ihrem ursprünglichen Werte, vermindert um die seit der Anschaffung eingetretene Wertminderung durch Abnutzung, Altern und Veralten.

3. Aufwertung von Vermögensgegenständen. Eine Goldbilanz, die auf der Bilanz für 1913 aufgebaut ist, d. h. die in dieser Bilanz eingesetzten Werte übernimmt (selbstverständlich unter Berücksichtigung etwaiger Wertminderungen, Zu- oder Abgänge), wird bei sehr vielen Unternehmungen eine Unterbilanz ergeben; nicht bloß, weil infolge der Geldentwertung wohl scheinbar mit Gewinn, in Wahrheit aber meist mit Verlust gearbeitet worden ist, sondern vor allem deshalb, weil fast allenthalben starke Kapitalerhöhungen, richtiger meist Kapitalverwässerungen, stattgefunden haben, denen keine Zugänge an Sachwerten in Höhe des Nennbetrages der Kapitalerhöhung gegenüberstehen. In der Bilanz ist aber das Grundkapital (Aktienkapital, Stammkapital) mit seinem Nennwerte einzusetzen. Diese Wirkung der Kapitalverwässerung kann u. U. dadurch aufgehoben werden, daß es möglich war, Obligationen, Hypotheken oder andere in Gold aufgenommene Schulden mit ihrem Nennbetrag in entwerteter Papiermark zurückzuzahlen.

Ergibt sich nun unter Beibehaltung der Werte von 1913 eine erhebliche Unterbilanz, so wird es vielfach weder erwünscht noch notwendig sein, diese Unterbilanz auszuweisen, nämlich dann nicht, wenn die aus der Bilanz von 1913 übernommenen Werte in Wahrheit zu niedrig sind, wenn z. B. wertvolle Gebäude, Maschinen und sonstige Einrichtungsgegenstände vielleicht nur mit 1 M. zu Buche stehen. In diesem Falle ist es durchaus zulässig, diese Vermögensposten gemäß ihrem wirklichen Werte aufzuwerten. Dasselbe gilt für etwa unterbewertete Bestände an Rohstoffen, Halb- und Fertigerzeugnissen. Bei diesen war eine Aufwertung auch bisher nichts Ungewöhnliches. Bei Anlagen dagegen hat man sie bisher allgemein vermieden. Jedoch, ungewöhnliche Verhältnisse erfordern ungewöhnliche Mittel. Nach der neuen Verordnung über Goldbilanzen in Verbindung mit § 40 HGB. darf der Wert eingesetzt werden, der einem Gegenstande am Bilanztage „beizulegen" ist. Es wurde bereits ausgeführt, daß man in der internen Bilanz möglichst nicht über den gemäß S. 72 berichtigten Anschaffungs- oder Herstellungspreis hinausgehen wird. Dieser ist um eine inzwischen etwa eingetretene Wertminderung herabzusetzen. Hierfür sind aber nicht die buchmäßigen Abschreibungen, sondern die tatsächliche Wertminderung, die so gut wie möglich festzustellen ist, maßgebend (vgl. Abschnitt 2). Es ist nun möglich, daß die Wertminderung eines Anlagengegenstandes zu hoch angenommen worden ist, weil seine Benutzungsdauer zu kurz geschätzt wurde; es kann z. B. sein, daß eine Maschine, deren Benutzungsdauer auf 10 Jahre angenommen wurde, bereits so lange benutzt wird, daß die Maschine aber immer noch gebrauchsfähig, wenn auch vielleicht einer entsprechenden neuzeitlichen Maschine nicht gleichwertig ist. In diesem Falle kann es nicht als unzulässig angesehen werden, wenn die Maschine nicht mit ihrem Alteisenwerte, sondern mit ihrem vorsichtig geschätzten Benutzungswert eingesetzt wird. Man wird eine derartige Aufwertung jedoch nur dann vornehmen, wenn die Verhältnisse es unbedingt notwendig machen.

4. Die Bewertung der Vermögensgegenstände im einzelnen kann unter Berücksichtigung des Vorstehenden in Anlehnung an die in Abschnitt V gemachten Ausführungen zu den einzelnen Vermögensposten erfolgen.

Die Ermittlung der Werte kann sowohl auf Grund der Buchungen wie auch mit Hilfe der Inventur erfolgen. Welcher Weg gewählt wird, ist bei der Aufstellung der internen Bilanz lediglich eine Zweckmäßigkeitsfrage. In vielen Fällen wird Inventur einfacher sein und zu richtigerer Bewertung führen als die Verfolgung und Umrechnung sehr vieler Buchungen.

Z. B. kann für Grundstücke ein bestimmter Preis je Quadratmeter, für Gebäude ein Preis je Kubikmeter umbauten Raumes, für Maschinen ein bestimmter Preis je Kilogramm zugrunde gelegt werden, wobei allerdings die Maschinen in gleichartige Gruppen zu gliedern wären, etwa Dampfkessel, Kraftmaschinen, leichte Werkzeugmaschinen, schwere Werkzeugmaschinen usw. Solche Einheitswerte stehen entweder aus der Zeit vor dem Kriege in Goldmark oder aus der Gegenwart in Papiermark oder Goldmark überall zur Verfügung.

Die Bewertung der Rohstoffe, in Fabrikation befindlichen Rohstoffe, Zwischenerzeugnisse und Fertigerzeugnisse erfolgt nach den bereits angegebenen Grundsätzen. Schwierigkeiten bestehen hier, besonders bei den in Fabrikation befindlichen Gegenständen, insofern, als diese der Menge nach nicht leicht festzustellen sind. Die Buchhaltung gibt im allgemeinen nur Werte an. Diese aber sind meist in verschiedenwertiger Papiermark ausgedrückt und sind deshalb als Grundlage für die Bewertung nicht brauchbar oder können doch erst nach einer recht mühsamen Umrechnung benutzt werden. Im allgemeinen wird der Bestand und der richtige Wert der erwähnten Gegenstände nur durch Inventur festgestellt werden können. Im einzelnen gilt folgendes:

a) Rohstoffe: Der Bestand ergibt sich aus buchhalterischen oder sonstigen Aufzeichnungen (Karteien), wenigstens sollten in jedem geordneten Betriebe solche Aufzeichnungen vorhanden sein. Ist das nicht der Fall, dann bleibt nur die Inventur. Die Bewertung der Mengen erfolgt nach dem berichtigten Tagespreise oder Vorkriegspreise gemäß den oben angeführten Grundsätzen.

b) Zwischenerzeugnisse, d. h. an sich fertige Teile von Erzeugnissen, wie bearbeitete Wellen, Normteile u. dgl. Deren Bestand muß bei einer geordneten Buchführung aus buchhalterischen oder sonstigen Bestandsaufzeichnungen hervorgehen. Wenn das nicht der Fall ist, ist Inventur notwendig. Die Bewertung erfolgt entweder, ähnlich wie bei den Rohstoffen, auf Grund des feststehenden oder geschätzten und wie oben berichtigten Tagespreises oder auf Grund des Vorkriegspreises. Ist ein Tagespreis oder Vorkriegspreis nicht festzustellen, so muß die Bewertung auf Grund der Herstellungskosten erfolgen. Diese können entweder aus der Nachrechnung entnommen werden, sofern diese in Gold geführt worden ist oder auf Gold umgerechnet werden kann, oder die Herstellungskosten sind zu schätzen, indem der Materialwert für sich ermittelt wird, was verhältnismäßig leicht ist, und ebenso der Lohn für sich auf Grund der aus den Lohnzetteln bzw. der Nachrechnung ersichtlichen Arbeitszeit. Für die sonstigen Kosten (Herstellungsunkosten) ist ein angemessener Zuschlag zu machen.

c) Fertigerzeugnisse. Diese sind in ganz gleicher Weise wie die vorerwähnten Zwischenerzeugnisse zu bewerten. Für sie wird fast immer der Vorkriegspreis oder der Tagespreis bekannt sein.

d) In Fabrikation befindliche Rohstoffe. Während der Bestand der Rohstoffe, Halbfabrikate und Fertigerzeugnisse verhältnismäßig leicht durch Inventur festgestellt werden kann, falls ausreichende buchhalterische oder sonstige Aufzeichnungen nicht gemacht worden sind, ist die Inventur der in Fabrikation befindlichen Rohstoffe sehr umständlich und kostspielig, da an jedem Arbeitsplatz festgestellt werden muß, welche Teile dort bearbeitet werden und wie weit die Bearbeitung fortgeschritten ist. Falls genügende buchhalterische und sonstige Aufzeichnungen nicht zur Verfügung stehen, bleibt jedoch etwas anderes als Inventur kaum übrig. Auch wenn buchhalterische und sonstige Aufzeichnungen gemacht worden sind, werden diese im allgemeinen nicht ohne weiteres verwendbar sein, da sie in der Regel in Papiermark gemacht sein werden und infolgedessen den bereits eingangs erwähnten Mangel haben. Nur wo die Buchhaltung und Selbstkostenberechnung bereits während des abgelaufenen Jahres in Gold ausgeführt worden sind — ein seltener Fall —, ist eine einwandfreie Bewertung der in Fabrikation befindlichen Rohstoffe auf Grund der Buchhaltung und Selbstkostenberechnung möglich.

Handelt es sich nur darum, die in Fabrikation befindlichen Rohstoffe am Ende der Bilanzperiode 1922/23 zu bewerten, so ist, wenn der Anfangsbestand, also der in der Bilanz von 1922 eingesetzte Wert, als richtig oder einigermaßen richtig angesehen werden darf, folgende Näherungsrechnung möglich:

Es sei A = Anfangsbestand (Wert in Goldmark), B = Betrag in Goldmark, der für Material, Lohn und Unkosten lt. Fabrikationskonto in die Fabrikation gegangen ist. (Da die einzelnen Beträge hierfür in verschiedenwertiger Papiermark gebucht worden sind, so muß der Goldwert berechnet werden, indem die monatlich oder wöchentlich in die Fabrikation gegangenen Papiermarkbeträge durch den durchschnittlichen Entwertungsfaktor des betreffenden Monats oder der betreffenden Woche dividiert werden.)

Es sei ferner C = Goldwert der fertig gewordenen und abgerechneten Erzeugnisse (deren Wert kann auf Grund des jeweiligen Tagespreises zur Zeit der Abrechnung eingesetzt werden); dann ist der Wert der in Fabrikation befindlichen Rohstoffe $D = A + B - C$.

Da die Bestandsfeststellung auf Grund der buchhalterischen Aufzeichnungen in jedem Falle wegen der bisherigen Buchungen in verschiedenwertiger Papiermark wenig zuverlässig ist, so dürfte, wenn wieder eine wirklich richtige Grundlage für die künftige Buchhaltung und Bilanzierung geschaffen werden soll, eine einmalige Inventur der in Fabrikation befindlichen Dinge kaum zu umgehen sein.

e) Eiserner Bestand. Mit Rücksicht auf die Dividenden- und Steuerpolitik empfiehlt es sich, in der Bilanz einen eisernen Bestand an Rohstoffen, Zwischenerzeugnissen, Fertigfabrikaten und in Fabrikation befindlichen Gegenständen auszuweisen.

Dieser Bestand ist natürlich gemäß dem Umfange des Unternehmens zu bemessen. Die Bewertung ist möglichst nach gleichbleibenden Preisen, also unabhängig von Konjunkturschwankungen der Preise, vorzunehmen.

5. Das Kapital. Dieses besteht aus dem Grundkapital (z. B. Aktienkapital) und dem Zusatzkapital; zu letzterem gehören die gesetzlich vorgeschriebenen Reserven (z. B. der sog. Reservefonds I bei der Aktiengesellschaft), die freiwilligen Reserven (z. B. der echte Erneuerungsfonds) und der etwaige Reingewinn. Das Kapital wird nicht wie die übrigen Posten der Bilanz „bewertet", sondern sein Wert ergibt sich aus der Bilanz selbst gemäß der Grundgleichung für die Bilanz:

$$\text{Aktiven} = \text{Kapital} + \text{Schulden}$$

oder

$$\text{Kapital} = \text{Aktiven} - \text{Schulden}.$$

Es ist also der Wert sämtlicher Aktiven (Anlagevermögen, Bestände an Rohstoffen, Halb- und Fertigerzeugnissen, Forderungen usw.), ebenso der Betrag sämtlicher echten Schulden (Kreditoren, Obligationen, Hypotheken usw.) festzustellen, und zwar in Gold. Der Unterschied der Aktiven und Schulden ergibt das Eigenkapital.

Das Grundkapital (Aktienkapital) ist bei Nominalkapitalgesellschaften mit dem Nennbetrag einzusetzen, gleichgültig, ob es sich um Kapital, das vor dem Kriege, oder um solches, das erst in letzter Zeit eingezahlt wurde, handelt. Der gesamte Nennbetrag ist also zunächst als Goldbetrag anzusehen. Ob er wirklich Gold darstellt, ergibt sich aus der Bilanz.

Diese ergibt auch, ob das gebuchte (oder nicht gebuchtes) Zusatzkapital (Reserven) in Gold vorhanden ist, oder ob es vielleicht infolge der Geldentwertung nur auf dem Papier steht. Setzt man in der Bilanzgleichung

$$\text{Kapital} = \text{Grundkapital} + \text{Zuzatzkapital},$$

so lautet die Bilanzgleichung:

$$\text{Grundkapital} + \text{Zusatzkapital} = \text{Aktiven} - \text{Schulden}$$

oder

$$\text{Zusatzkapital} = \text{Aktiven} - \text{Schulden} - \text{Grundkapital}.$$

Um den wirklichen Stand des Unternehmens zu erkennen, kann man bei der Bilanzierung etwa folgendermaßen vorgehen:

a) Alle Aktiven werden in Gold richtig bewertet, Anlagengegenstände mit dem ursprünglichen Werte, vermindert um die seit der Anschaffung entstandene Wertminderung durch Abnutzung, Altern und Veralten.

b) Von den Aktiven werden alle richtig in Gold eingesetzten Schulden (auch Obligationen, Hypotheken, etwaige Ansprüche von Pensionskassen u. dgl.) abgezogen.

c) Der Unterschied von a) und b) ergibt das Reinvermögen. Ist solches nicht vorhanden, sondern sind die Schulden größer als die Aktiven, so ist das Unternehmen „überschuldet".

d) Das Reinvermögen wird verglichen mit dem nominellen Grundkapital einschließlich Neuausgaben von Aktien, die ebenfalls mit dem Nennwert eingesetzt werden.

e) Ist das Reinvermögen größer als das Grundkapital, so können etwaige Reservekonten entsprechend bedacht und gegebenenfalls Gewinn verteilt werden.

f) Ist das Reinvermögen kleiner oder gleich dem Grundkapital, so ist Zusatzkapital (Reserven) in Wahrheit nicht vorhanden. Etwa gebuchte Reserven, Werkerhaltungsfonds u. dgl., stehen nur auf dem Papier. Je nachdem, in welchem Maße das Grundkapital größer ist als das Reinvermögen, sind die weiter unten (bei der offiziellen Bilanz) zu erörternden Maßnahmen geboten.

## B. Die interne Erfolgsbilanz.

Neben dem Wunsch, das gegenwärtige wirkliche Vermögen in Gold zu kennen, wird jedes Unternehmen ein Interesse daran haben, zu wissen, wie es während der letzten Jahre, in denen infolge des Währungsverfalls eine richtige Buchführung und Bilanzierung nicht möglich war, gewirtschaftet hat. Das wird sich für die einzelnen Jahre kaum ohne ungeheure Arbeit feststellen lassen, hat, abgesehen von Sonderfällen, wohl auch nur historisches Interesse. Man wird sich im allgemeinen damit begnügen müssen, zu ermitteln, wie sich das Vermögen etwa seit dem 31. Dezember 1913 bzw. seit der letzten Bilanz vor dem Kriege geändert hat, ob inzwischen eine Vermögensvermehrung oder -verminderung (Substanzvermehrung oder Substanzverlust) eingetreten ist. Das Unternehmen wird also sein Vermögen von 1913 mit seinem Vermögen von heute vergleichen. Es ist also die Bilanz etwa vom 31. Dezember 1913 als Anfangsbilanz und die Bilanz vom 31. Dezember 1923 als Schlußbilanz einer Bilanzperiode von 10 Jahren anzusehen. Soll die Erfolgsrechnung auch für die Bilanzperiode 1922/23 bereits in Gold gemacht werden, so wäre als Bilanzperiode zunächst 1913—22 anzusehen und die Goldbilanz zunächst für 1922 aufzustellen. Die für 1922 oder 1923 aufgestellte Goldbilanz kann dann als Ausgangsbilanz für alle folgenden Goldbilanzen dienen.

Diese ergeben sich aus der durch Umrechnung entwickelten Ausgangsbilanz ohne weiteres, wenn nunmehr auch die Buchführung in Gold erfolgt. Das ist bisher (Januar 1924) noch nicht gesetzlich vorgeschrieben. Es ist lediglich in der Steuerverordnung vom 19. Dezember 1923 gesagt, daß steuerrechtliche Wirkung nur die auf wertbeständiger Grundlage geführten Bücher haben sollen. Ohne eine der Goldbilanz entsprechende Buchführung in Gold würde man aber im nächsten Jahre wieder die gleiche mühsame Umrechnung zu machen haben, wie sie jetzt infolge der bisherigen Papiermarkbuchführung und Bilanzierung notwendig ist. Es dürfte sich deshalb empfehlen, auch die Buchführung auf Gold umzustellen.

Für eine richtige Erfolgsrechnung ist es nicht unbedingt notwendig, daß die Anfangs- und die Schlußbilanz in allen Posten richtig sind. Es braucht also weder die Anfangs- noch die Schlußbilanz eine richtige Vermögensaufstellung im Sinne von Abschnitt A. zu sein. Es ist angängig, daß das Anfangsvermögen sowohl in der Anfangs- wie in der Schlußbilanz von seinem wirklichen Werte abweichend angegeben wird. Für eine richtige Erfolgsrechnung kommt es nur darauf an, daß die Schlußbilanz die während der Bilanzperiode eingetretenen Änderungen des Vermögens richtig wiedergibt. Es ist also möglich, die Bilanz von 1913, die ja in Gold aufgestellt wurde, ungeändert beizubehalten, auch wenn sie nicht in allem richtig war, wenn z. B. Anlagen mit einer Mark bewertet worden sind. Notwendig ist nur, daß in der neuen Goldbilanz, die mit der Bilanz von 1913 verglichen werden soll, das Anfangsvermögen, d. h. das bis zum Schluß des Bilanzjahres 1913 vorhandene Vermögen, ebenso wie in der Bilanz von 1913 eingesetzt wird, abgesehen von inzwischen eingetretenen Wertminderungen.

Für eine richtige Erfolgsrechnung gegenüber 1913 wäre demnach eine richtige Vermögensaufstellung nach Abschnitt A nicht notwendig. Letztere kann aber auch für die Erfolgsrechnung benutzt werden, wie in folgendem gezeigt werden soll.

Für die Erfolgsrechnung gegenüber 1913 kommen folgende Verfahren in Betracht:

1. Die neue Vermögensbilanz in Gold nach A kann mit der Goldbilanz von 1913 verglichen werden. Dieser Vergleich ist aber nur zulässig, wenn beide Bilanzen nach den gleichen Gesichtspunkten aufgestellt werden, wenn insbesondere die 1913 vorhandenen Vermögensgegenstände in beiden Bilanzen gleich bewertet werden, abgesehen von etwaigen Wertminderungen, z. B. bei Anlagengegenständen. In früheren Bilanzen werden

aber Vermögensgegenstände vielfach unterbewertet, z. B. Anlagengegenstände mit 1 M. angegeben sein, während die neue Goldbilanz nach den angegebenen Grundsätzen alle Werte möglichst richtig enthalten soll. Deshalb wird es notwendig sein, die Bilanz von 1913 zu berichtigen, gewissermaßen für 1913 eine wahre Bilanz zu rekonstruieren, indem z. B. die 1913 vorhandenen Anlagen nach den gleichen Grundsätzen bewertet werden wie in der wahren Goldbilanz für 1923; ebenso die 1913 vorhandenen Rohstoffe, fertigen Teile, Fertigerzeugnisse und in Fabrikation befindlichen Gegenstände. Voraussetzung für diese Rekonstruktion ist natürlich, daß die Bestände am 31. Dezember 1913 bekannt sind. Bei den Anlagen wird diese Voraussetzung erfüllt sein; bei den Rohstoffen, Zwischenerzeugnissen, Fertigerzeugnissen und vor allem den in Fabrikation befindlichen Gegenständen vielleicht nicht immer. Dann ist eine Erfolgrechnung in dem gedachten Sinne nicht möglich, und man muß sich damit begnügen, eine neue, wahre Eröffnungsbilanz in Gold zu machen und hiernach künftig eine richtige Erfolgrechnung aufzustellen.

2. Ein anderer Weg ist folgender:

Die Bilanz von 1913, ob richtig oder nicht, wird als gegeben hingenommen, und ihre Werte werden ungeändert für die neue Goldbilanz benutzt. Diese schließt sich also an die Bilanz von 1913 an, die Kontinuität wird gewahrt. Weiter wird festgestellt, welche Werte gegenüber 1913 am Bilanztage (31. Dezember 1923) vorhanden sind, nicht etwa bloß auf dem Papier stehen. Man wird deshalb vielfach tatsächliche Feststellungen, Inventur, machen müssen. Buchhalterische Aufzeichnungen werden nur so weit benutzt, wie aus ihnen der Bestand, insbesondere gegenüber 1913, richtig hervorgeht. Im einzelnen wird man also feststellen, welche Anlagengegenstände seit 1913 hinzugekommen — oder ausgeschieden — sind und wie ihr Wert am Bilanztage ist, wie das Barvermögen in Gold gegenüber 1913 ist, welche Wertpapiere, Beteiligungen u. dgl. gegenüber 1913 vorhanden sind, welche Forderungen gegenüber 1913 bestehen usw. Andererseits wird man feststellen, welche Schulden gegenüber 1913 vorhanden sind usw. Der Vergleich im einzelnen und im ganzen wird zeigen, wie sich das Vermögen gegenüber 1913 geändert hat. Er läßt allerdings nicht erkennen, welche Ursachen die Vermögensänderung im einzelnen hat, wieweit sie auf die wirtschaftliche Tätigkeit des Unternehmens, wieweit etwa auf die Geldentwertung zurückzuführen ist. Z. B. kann folgendes geschehen sein. Eine Aktiengesellschaft hat ihr Kapital erhöht, vielleicht auf den zehnfachen Nennbetrag, hat aber den Nennbetrag der Erhöhung nicht in Goldmark, sondern in Papiermark erhalten, die, in Gold umgerechnet, vielleicht nur einen winzigen Bruchteil des Goldnennbetrages ausmachen. Nur dieser winzige Goldbetrag wird im allgemeinen in Sachwerte, Aktiven, umgewandelt worden sein. Infolgedessen kann sich für das Unternehmen ein Verlust ergeben, der lediglich darauf zurückzuführen ist, daß die neuen Aktien einen Nennwert in Gold haben, den sie dem Unternehmen nicht entfernt eingebracht haben. Umgekehrt mag das Unternehmen Schulden, z. B. Hypotheken oder Obligationen, die es vor dem Kriege in Goldmark aufgenommen hat, jetzt in Papiermark zurückgezahlt haben. Dann ergibt sich ein entsprechender Gewinn. In beiden Fällen ist der Verlust bzw. Gewinn eine Folge der Geldentwertung, nicht der wirtschaftlichen Tätigkeit des Unternehmens. Dieser Einwand gilt auch für die unter 1. behandelte Form der Erfolgrechnung.

Um die Vermögensänderung, die durch die Geldentwertung, besonders durch Kapitalerhöhung und durch Zurückzahlung von Schulden, entstanden ist, zu ermitteln, kann man folgendermaßen vorgehen. Man berechnet den durch die Kapitalerhöhung erhaltenen Goldbetrag, indem man die eingezahlten Beträge durch die entsprechenden Entwertungsfaktoren dividiert. Der Unterschied zwischen dem so erhaltenen Goldbetrag und dem Nennbetrag der Kapitalerhöhung ergibt den scheinbaren Verlust. Durch entsprechende Rechnung ergibt sich umgekehrt der Gewinn, der dadurch entstanden ist, daß Schulden zum Nennbetrag in Papiermark zurückgezahlt wurden. Dieser Gewinn ist aber nicht scheinbar, sondern durchaus wirklich, nur daß er nicht durch die wirtschaftliche Tätigkeit des Unternehmens, sondern durch die Geldentwertung entstanden ist.

Man kann auf diese Weise verhältnismäßig einfach wenigstens die größeren durch Geldentwertung verursachten Vermögensänderungen feststellen. Will man den Einfluß der Geldentwertung auf die gesamte Vermögensänderung seit 1913 erfassen, so kann man etwa folgendermaßen vorgehen.

3. Es wird wiederum die Bilanz von 1913, wie sie ist, zugrunde gelegt. Weiterhin wird auf Grund der Buchhaltung verfolgt, wie sich jeder einzelne Vermögensposten gegenüber 1913 geändert hat. Es wird festgestellt, welche Zugänge buchmäßig auf Anlagekonto erfolgt sind, welche buchmäßigen Abschreibungen vorgenommen worden sind, desgleichen, welche Veränderungen buchmäßig die Bestände an Rohstoffen, Zwischenerzeugnissen, in Fabrikation befindlichen Gegenständen und

Fertigerzeugnissen erfahren haben, wie sich buchmäßig die Barbestände, Wertpapiere, Beteiligungen usw. geändert haben, und ebenso andererseits, wie sich auf der Passivseite buchmäßig die Schulden, die Reservekonten geändert haben, welche Kapitaleinzahlungen erfolgt sind usw. Alle diese in verschiedenwertiger Mark gebuchten Änderungen müssen in Gold umgerechnet werden, indem die jeweils in Papiermark erfolgte Zahlung durch den Entwertungsfaktor des Zahltages dividiert wird. Auf diese Weise wird der Einfluß der Geldentwertung auf die Buchungen ausgemerzt, und es ergibt sich eine tatsächliche Erfolgrechnung in Gold. Leider ist dieses Verfahren, wenn es wirklich richtige Ergebnisse zeitigen soll, sehr umständlich. Die meisten Unternehmungen werden vor der erheblichen Arbeit, die es verursacht, zurückscheuen und sich mit dem einfacheren Verfahren unter 2. begnügen. Für den vorliegenden Zweck erscheint dies Verfahren ausreichend.

Künftig jedoch, nachdem wieder eine Goldbilanz als Grundlage geschaffen ist, wird das Verfahren 3. anzuwenden sein, d. h. die Schlußbilanz wird wieder wie früher aus der Anfangsbilanz auf dem Wege der Buchhaltung entstehen müssen, wie ja die Buchhaltung in einem Betracht überhaupt nichts weiter ist als die täglich bzw. entsprechend den Vermögensänderungen fortentwickelte Bilanz. Die Konten der Buchhaltung ergeben ja in jedem Augenblick die Vermögensbilanz.

## V. Die offizielle oder Handels-Goldbilanz.

Für diese sind die im Abschnitt II erwähnten gesetzlichen Bestimmungen, die für die interne Bilanz nur als Richtlinien angesehen wurden, vor allem die im Abschnitt VII, Seite 93, abgedruckte Verordnung über Goldmarkbilanzen vom 28. Dezember 1923, zwingender Natur. Im übrigen können alle Ausführungen, die über die interne Vermögensaufstellung auf den Seiten 70—77 gemacht wurden, besonders die dort angegebenen Bewertungsgrundsätze, auch auf die offizielle Bilanz angewendet werden. Der Unterschied ist nur, wie schon gesagt wurde, daß solide Unternehmungen das Bestreben haben, ihr Vermögen in ihren offiziellen Abschlußbilanzen vorsichtig zu bewerten und dadurch stille Reserven zu bilden, während in der internen Vermögensaufstellung jeder Vermögensgegenstand voll bewertet werden soll. In der offiziellen Bilanz wird man also nach Möglichkeit unter der für die interne Bilanz angegebenen

Bewertungsgrenze bleiben. Grenzen nach unten sind in den gesetzlichen Bestimmungen nicht festgelegt. Mindestbewertungen werden nur von der Steuerbehörde, z. B. in der Steuernotverordnung vom 19. Dezember 1923, verlangt.

Die Bewertung der Vermögensgegenstände im einzelnen wird bei der neuen Gold-Eröffnungsbilanz, ebenso wie bei den bisherigen offiziellen Bilanzen, stark von dem Vermögensstande des bilanzierenden Unternehmens beeinflußt werden. Mit anderen Worten, um ein offenes Geheimnis zu verraten: man zieht nicht nach vorhergegangener Bewertung das Bilanzergebnis, sondern man bewertet nach dem durch eine interne Bilanz gefundenen Ergebnis. Dieses wird nun heute bei vielen Unternehmungen derart sein, daß man alle Vermögensgegenstände bis zur zulässigen Grenze bewerten muß, um keinen allzu großen Verlust auszuweisen, bzw. kein allzu großes Kapitalentwertungskonto (siehe unten) zu erhalten.

Die gesetzliche Höchstgrenze für die Bewertung eines Vermögensgegenstandes ist nach § 40 HGB. im Zusammenhang mit § 4 der neuen Verordnung über Goldbilanzen der Wert, der einem Gegenstande am Bilanztage beizulegen ist. Als dieser Wert kann höchstens der Tagespreis angesehen werden. Man kann also sowohl Anlagengegenstände als auch Rohstoffe, halbfertige und fertige Waren zur Zeit (Januar 1924) höchstens mit etwa dem 1,5fachen Vorkriegspreise bewerten. Übersteigen aber die in der Gold-Eröffnungsbilanz eingestellten Werte den Anschaffungs- oder Herstellungspreis, abzüglich Wertminderungen, so ist der Unterschied in der Eröffnungsbilanz gesondert auszuweisen (§ 4, Absatz 3 der Verordnung). Außerdem ist zu beachten, daß die Befreiung der Aktiengesellschaften und Gesellschaften mit beschränkter Haftung von den einengenden Bestimmungen der §§ 261 des HGB. und 42 des G.-m.-b.-H.-Gesetzes nur für die Gold-Eröffnungsbilanz gilt. Für die folgenden Bilanzen bleiben die §§ 42 G.-m.-b.-H.-Gesetz und 261 HGB. in Kraft; und hinfort gelten gemäß § 4 der Verordnung die in der Gold-Eröffnungsbilanz eingesetzten Werte als Anschaffungs- oder Herstellungspreise im Sinne der §§ 42 bzw. 261.

Die Bewertung aller Vermögensgegenstände bis zur äußersten Grenze ist natürlich eine bedenkliche Maßnahme, und es wird ernstlich zu überlegen sein, ob es nicht besser ist, vorsichtiger zu bewerten und bei einer sich dann ergebenden erheblichen Unterbilanz von den Möglichkeiten Gebrauch zu machen, die die neue Verordnung über die Goldbilanz bietet, insbesondere Bildung eines Kapitalentwertungskontos, das binnen drei Jahren getilgt werden muß, oder Zusammenlegung des Kapitals. Hierauf soll später noch näher eingegangen werden.

Im allgemeinen dürfte der Vorkriegswert einen brauchbaren Anhalt für die Bewertung geben. Es wird dann dem Umstande Rechnung getragen, daß einerseits die gegenwärtigen Tagespreise über den Vorkriegspreisen liegen, andererseits die Ertragfähigkeit der Unternehmungen im allgemeinen gegenüber der Zeit vor dem Kriege gemindert ist.

Für die Aufstellung der neuen Gold-Eröffnungsbilanz ist auch die Steuernotverordnung vom 19. Dezember 1923 zu beachten. Diese schreibt nämlich ebenfalls eine Vermögensaufstellung in Goldmark, und zwar für den 1. Januar 1924 vor und gibt hierfür Bewertungsvorschriften. Es empfiehlt sich natürlich, diese Vorschriften nach Möglichkeit auch in der neuen Gold-Eröffnungsbilanz, die ja auch die Grundlage künftiger Besteuerung sein soll, zu berücksichtigen. Ob und wieweit es möglich ist, etwa die von der Steuerverordnung geforderte Vermögensaufstellung und die Handels-Goldbilanz zu vereinigen, wird sich aus dem folgenden ergeben, wenn die Bewertung der Vermögensposten in der Goldbilanz im einzelnen behandelt wird.

Zu beachten ist schließlich noch, daß den Gesellschaftern einer Kapitalgesellschaft gegen anfechtbare Bewertungen ein Einspruchsrecht zusteht.

Nachstehend soll nur auf die Bewertung eingegangen werden. Von einer Erörterung der sonstigen, insbesondere der aktienrechtlichen Bestimmungen der Verordnung über die Goldmarkbilanz wird abgesehen. Nur soviel sei gesagt, daß die vielfach erhobenen Einwände gegen die Verordnung, in denen diese für verfrüht gehalten wird, weil eine endgültige Bewertung vieler Vermögensposten in Gold zur Zeit noch nicht möglich ist, nicht berechtigt erscheinen. Eine richtige, endgültige Bewertung ist in der bisherigen Papiermarkbilanz ebensowenig möglich; insofern ist diese keineswegs einfacher oder besser als die Goldbilanz. Diese aber hat vor der bisherigen Bilanz, in der Papiermarkwerte und Goldmarkwerte ein unübersehbares Durcheinander bilden, unbedingt den Vorzug größerer Klarheit und auch den Vorzug, daß sie die Unternehmungen nötigt, sich wieder einmal Rechenschaft über ihr wirkliches Vermögen und über ihre Geldwirtschaft abzulegen. Das lassen schon die wenigen, bisher bekannt gewordenen, gewiß noch unvollkommenen Goldbilanzen erkennen.

Eine endgültige Bewertung und dementsprechende endgültige Maßnahmen brauchen auch nach der Bilanzverordnung insofern nicht zu erfolgen, als diese die Möglichkeit gibt, ein Kapitalentwertungskonto zu bilden, das drei Jahre lang offen bleiben kann. Eine endgültige Regelung braucht demnach nicht vor Ablauf dieser Frist vorgenommen zu werden.

Die folgenden Ausführungen stützen sich auf Verhandlungen, die im Reichsverbande der Deutschen Industrie über die Aufstellung der Goldbilanzen geführt worden sind.

Da sich die offizielle Bilanz auf der vorher behandelten internen Bilanz aufbaut, so ist es notwendig, die hierüber gemachten Ausführungen vorher oder im Zusammenhang mit dem Folgenden zu lesen.

1. Werteinheit und Umrechnung. Die Gold-Eröffnungsbilanz soll nach der Bilanzverordnung in Goldmark (Dollar: 4,2) aufgestellt, d. h. alle Werte sollen in Goldmark ausgedrückt werden.

Die Reichsregierung ist ermächtigt, eine andere Einheit festzusetzen.

Hiernach können Werte, die von früher her (von 1914) in Goldmark in den Büchern und in der Bilanz stehen, ungeändert übernommen werden, abgesehen von inzwischen eingetretenen Wertminderungen. Sie können aber auch in den zulässigen Grenzen aufgewertet werden, wie bereits ausgeführt wurde.

Soweit Umrechnungen von Papiermark in Goldmark notwendig sind, erfolgen diese über den Dollarkurs, und zwar entweder nach dem Kurse am Bilanztage, wie z. B. bei Kassenbeständen, oder nach dem Kurse am Tage der Zahlung, durch die eine Vermögensänderung bewirkt wurde. Werden z. B. Vermögensgegenstände irgendwelcher Art, die während der Zeit der Geldentwertung angeschafft wurden, nach dem in Papiermark gezahlten Anschaffungspreise bewertet, so ist der Anschaffungspreis durch den Geldentwertungsfaktor am Tage der Bezahlung (Dollarkurs am Tage der Zahlung : Dollarkurs 1913) zu dividieren, um auf Goldmark zu kommen.

2. Grundstücke dürfen nach den geltenden gesetzlichen Bestimmungen, einschließlich der neuen Bilanzverordnung, nach dem Anschaffungswert, nach dem Tageswert oder niedriger eingesetzt werden. Für Grundstücke ist der Tageswert zur Zeit niedriger als der Vorkriegswert. Der den Grundstücken zur Zeit „beizulegende Wert“ wird also den bisherigen Buchwert dann nicht erreichen, wenn die Grundstücke vor dem Kriege gekauft und mit dem Kaufpreis bewertet wurden. Ist jedoch der Kauf nach dem Kriege, etwa bis Mitte 1923 erfolgt, so wird der Kaufpreis in Gold meist niedriger sein als der jetzige Tageswert. Trotzdem ist in jedem Falle die Bewertung mit dem

Anschaffungspreis zulässig. Denn die Bewertung nach dem Anschaffungspreis ist durch die Verordnung über die Goldbilanz nicht verboten.

Nach der Steuerverordnung sind Grundstücke mit dem Wehrbeitragswert vom 31. Dezember 1913 oder, wenn später angeschafft, mit dem Anschaffungswert einzusetzen. Es sollen noch besondere Bestimmungen erlassen werden, nach denen der Wehrbeitragswert gegebenenfalls zu berichtigen ist (vgl. auch Nr. 3).

3. Gebäude, Maschinen und sonstige Fabrikationseinrichtungen (Inventar) dürfen wie Grundstücke mit dem Anschaffungswert, dem Tageswert oder niedriger eingesetzt werden. Die seit der Anschaffung eingetretenen Wertminderungen durch Abnützung, Altern und Veralten, sowie infolge besonderer Umstände, z. B. Anschaffung für Kriegszwecke, sind zu berücksichtigen. Auch der Einfluß der Wohnungs-Zwangswirtschaft auf den Wert von Gebäuden ist zu berücksichtigen.

Werden die vorerwähnten Gegenstände mit einem höheren Werte als dem Anschaffungs- oder Herstellungspreis, abzüglich Wertminderungen, eingesetzt, so ist der Unterschied nach § 4, Absatz 3 der Verordnung über die Goldbilanz gesondert auszuweisen, jedoch nicht bei jedem einzelnen Vermögensgegenstande, sondern bei den entsprechenden Bilanzposten. Dies gilt auch für Grundstücke (vgl. Nr. 2).

Die Steuerverordnung verlangt Bewertung der Anlagengegenstände mit dem Preise, der Ende 1913 zur Anschaffung oder Herstellung der Gegenstände aufzuwenden gewesen wäre, wenn sie damals angeschafft worden wären. Der Reichsfinanzminister hat jedoch für Gegenstände, die auf Grund der Preise von 1913 bewertet werden, Zu- oder Abschläge zu bestimmen, je nachdem, ob die Preise am 31. Dezember 1923 diejenigen von 1913 übersteigen oder unterschreiten, und wenn anzunehmen ist, daß die Preisunterschiede nicht nur vorübergehend sein werden. Bei Gebäuden, Maschinen und Fabrikationseinrichtungen würden demnach wohl im allgemeinen Zuschläge in Frage kommen, bei den Grundstücken (Nr. 2) dagegen Abschläge.

4. Rohstoffe, halbfertige und fertige Waren können wiederum mit dem Anschaffungs- oder Herstellungspreis, dem Tagespreis am Bilanztage oder niedriger bewertet werden.

Der Tagespreis ergibt bei zu erwartender weiterer Preissenkung eine zu hohe Bewertung. Einen brauchbaren Anhalt dürfte der Vorkriegspreis geben.

Es empfiehlt sich, auch in der offiziellen Bilanz einen eisernen Bestand auszuweisen, der in allen Bilanzen möglichst gleichmäßig bewertet wird.

Wegen der Ermittlung der Bestände an Rohstoffen, halbfertigen und fertigen Erzeugnissen und wegen der sonst zu beachtenden Gesichtspunkte siehe S. 76—77.

Die Steuerverordnung schreibt Bewertung der Rohstoffe, halbfertigen und fertigen Erzeugnisse zu den am 31. Dezember 1923 geltenden Preisen vor. Da diese Preise aber fast durchweg zu hohe Werte ergeben, ist wohl zu erwarten, daß die Vorschrift noch geändert wird.

5. Kassenbestand, Bankguthaben, Wechsel, Schecks werden in Goldmark umgerechnet nach dem am Bilanztage geltenden Dollarkurs der Zahlungsmittel, aus denen der Kassenbestand sich zusammensetzt, oder auf die Bankguthaben, Wechsel oder Schecks lauten. Das gilt auch für Zahlungsmittel, Wechsel oder Schecks in fremder Währung.

Die Steuernotverordnung schreibt für den 1. Januar 1924 die Umrechnung der inländischen Zahlungsmittel nach einem Kurse von 1 Dollar = 4,2 Billionen Papiermark, und für ausländische Zahlungsmittel die Umrechnung nach dem laufenden Kurs (Mittelkurs) am 31. Dezember 1923 in Berlin vor.

6. Geld- (Mark-)Forderungen (Debitoren) und Geld- (Mark-)Schulden (Creditoren). Deren Bewertung in der Goldbilanz ist davon abhängig, wie die Aufwertungsfrage entschieden wird. Die Rechtsprechung hat unter Umständen teilweise Aufwertung zugebilligt, besonders für dinglich gesicherte Forderungen (Hypotheken und Obligationen). Wie die Frage endgültig geregelt werden wird, ist zur Zeit noch nicht zu übersehen. Eine endgültige Bewertung ist deshalb weder für die Forderungen auf der Aktivseite, noch für die Schulden auf der Passivseite der Bilanz möglich.

Bei voller Aufwertung ergibt sich der Goldbetrag einer Forderung oder einer Schuld, indem der gegebene bzw. empfangene Markbetrag durch den Geldentwertungsfaktor am Tage der Zahlung dividiert wird. Volle Aufwertung kommt aber auch nach der bisherigen Rechtsprechung kaum in Frage, sondern eine von den Umständen abhängige Verteilung des Geldentwertungsverlustes auf Schuldner und Gläubiger.

Ohne Aufwertung ergibt sich der Goldbetrag einer Forderung oder einer Schuld, indem deren Nennbetrag durch den Geldentwertungsfaktor am Bilanztage dividiert wird. Zwischen den beiden Grenzfällen, voller Aufwertung und Nichtaufwertung, wird der einzusetzende Wert einer Forderung oder Schuld zu wählen sein.

Manche Schulden, wie Darlehen, stille Beteiligungen, Verpflichtungen an Familienangehörige bei Einzelunternehmungen, an Pensionskassen und Betriebssparkassen, wird man auch ohne rechtlichen Zwang nach Möglichkeit aufwerten.

Bei sofort fälligen oder kurzfristigen Forderungen oder Schulden wird eine Aufwertung in der Regel nicht in Frage kommen. Sie können dann in Gold eingesetzt werden, indem der Nennbetrag über den Dollarkurs am Bilanztage umgerechnet wird.

Forderungen und Schulden in fremder Währung werden in Goldmark umgerechnet gemäß dem Dollarkurse der betreffenden Währung am Bilanztage.

Nach der Steuernotverordnung sollen Außenstände, Warenschulden, Bankschulden, kurzfristige Darlehen wie der Kassenbestand bewertet werden (vgl. Nr. 5).

7. Wertpapiere und Beteiligungen. a) Wertpapiere können nach dem Anschaffungspreis oder nach dem Börsenkurs am Bilanztage, beide über den Dollarkurs in Goldmark umgerechnet, eingesetzt werden. Wirklich richtig dürfte bei den heutigen Verhältnissen weder das eine noch das andere sein. Ein vor dem Kriege in Goldmark bezahlter Anschaffungspreis ist heute für die meisten inländischen Papiere zu hoch; umgekehrt ist der gegenwärtige Börsenkurs für gute Papiere im allgemeinen zu niedrig, nicht allerdings für viele minderwertige Papiere. Einen Anhaltspunkt für die Bewertung kann die Goldmarkbilanz des Unternehmens, welches das zu bewertende Papier ausgegeben hat, bieten, sofern sie bekannt ist. Das wird allerdings bei der Aufstellung der Gold-Eröffnungsbilanz meist nicht der Fall sein. Auf jeden Fall kann die Bewertung nicht schematisch nach dem Anschaffungs- oder nach dem Börsenpreis, sondern muß unter Berücksichtigung der Eigenart der betreffenden Papiere geschehen. Der Ertrag, der letzten Endes für den Wert eines Papiers maßgebend ist, kommt zur Zeit als Maßstab nicht in Betracht, weil der Ertrag zur Zeit überhaupt nicht richtig feststellbar und außerdem meist ungewöhnlich niedrig ist.

b) Beteiligungen. Bei den Beteiligungen an anderen Unternehmungen ist zu unterscheiden zwischen Forderungsrechten, die auf bestimmte Summen lauten, und anderen Beteiligungsarten, wie z. B. Geschäftsanteilen einer G. m. b. H. oder einer offenen Handelsgesellschaft, die wirtschaftlich ein Miteigentum an Sachwerten darstellen.

Beteiligungen im Sinne geldwerter Forderungsrechte sind einzusetzen mit ihrem Papiermarkwerte, dividiert durch den Entwertungsfaktor der Mark am Bilanztage oder, falls eine Aufwertung in Frage kommt, mit dem der Aufwertung entsprechenden Goldmarkwerte am Bilanztage.

Beteiligungen in Form von Geschäftsanteilen, Miteigentum usw. sind mit dem Werte in Goldmark anzusetzen, der ihnen unter Berücksichtigung des Erträgnisses am Bilanztage beizulegen ist.

Die Steuerverordnung bestimmt zu vorstehenden beiden Posten folgendes:

Wertpapiere sind in jedem Falle zum Steuerkurswerte oder Verkaufswerte am 31. Dezember 1923 zu bewerten. Anteile an inländischen Erwerbsgesellschaften (in der Hauptsache Aktien und G.-m.-b.-H.-Anteile) und die von solchen Gesellschaften ausgegebenen Genußscheine sind beim Eigentümer der Anteile oder Genußscheine nur mit der Hälfte dieses Wertes anzusetzen.

8. Leistungsforderungen und Verpflichtungen, z.B. gegebene oder erhaltene Anzahlungen und Teilzahlungen auf Lieferungen. Für deren Bewertung ist zu unterscheiden, ob die Anzahlung oder Teilzahlung hinsichtlich des Liefergegenstandes wertbeständig ist oder nicht. Ersteres ist der Fall, wenn die Anzahlung oder Teilzahlung als abgegolten angesehen wird, wenn z. B. mit einer Anzahlung von $^1/_3$ des Abschlußpreises auch $^1/_3$ des endgültigen Kaufpreises bezahlt worden ist, gleichgültig, ob der Preis nach Abschluß des Liefervertrages gleitet oder nicht. In diesem Falle ist mit der Anzahlung ein entsprechender Teil, z. B. $^1/_3$ des Sachwertes der Lieferung, erworben worden, und als Wert der Anzahlung ist dieser Teil des Sachwertes einzusetzen. Ist dagegen eine Anzahlung oder Teilzahlung nicht als wertbeständig hinsichtlich des Liefergegenstandes anzusehen, wie z. B. bei dem sog. Auffüllverfahren, bei dem Anzahlungen und Teilzahlungen nur mit ihrem Nennbetrage angerechnet werden (vgl. Anhang zum I. Teil, Abschnitt A, Nr. 26 u. 27), so muß eine solche Zahlung bewertet werden, indem der Nennbetrag (in Papiermark) durch den Geldentwertungsfaktor am Zahltage dividiert wird. Hiernach ist die Bewertung von An- und Teilzahlungen wesentlich abhängig von den vereinbarten Liefer- und Zahlungsbedingungen.

Ferner macht es für die Bewertung einen Unterschied, ob man den bezahlten Teil eines Auftrages bereits erhalten hat oder nicht. In ersterem Falle hat man vielleicht die Teillieferung, z. B. einzelne Maschinen einer Fabrikanlage, bereits auf seinem Anlagenkonto gebucht und bewertet, während in letzterem Falle nur erst ein Anspruch besteht, von dem nicht in allen Fällen sicher ist, ob und in welcher Weise er erfüllt wird.

Eine Frage für sich ist, wie man den der Anzahlung oder Teilzahlung entsprechenden Sachwert am Bilanztage beurteilen will, ob man z. B. hierfür den Tagespreis am Bilanztage, in Gold gerechnet, also vielleicht den 1,5fachen Vorkriegspreis, oder vielleicht nur den Vorkriegspreis einsetzen will. Hierfür kommen die unter Nr. 2, 3 und 4 angegebenen Gesichtspunkte in Betracht.

Soweit Lieferungen noch zu bezahlen oder bezahlte Lieferungen noch zu bewirken sind, ist angesichts der unsicheren Preisverhältnisse zu überlegen, ob nach den Zahlungs- und Lieferbedingungen etwa die Lieferung mehr kosten wird, als dafür vergütet wird, z. B. bei einem Festpreis, oder ob umgekehrt etwa der vereinbarte Goldpreis noch steigen kann, wenn z. B. ein Goldgleitpreis vereinbart ist. In dem einen wie dem anderen Falle hat entweder der Lieferer oder der Besteller in seiner Bilanz entsprechende Rückstellungen zu machen.

9. Das Kapital, nämlich Grundkapital und Zusatzkapital (gesetzliche und freiwillige Reserven, z. B. echte Erneuerungsfonds, echte Delcrederefonds, Wohlfahrtsfonds, Gewinnvortrag), wird nicht bewertet wie die bisher behandelten Posten; sondern nachdem alle aktiven Vermögensteile und alle echten Schulden — diese einschließlich Obligationen und Hypotheken — bewertet wurden, werden die Schulden von den Aktiven abgezogen. Auf diese Weise ergibt sich das Reinvermögen. Dieses wird dem Nennbetrag des Grund- bzw. Stammkapitals gegenübergestellt. (Näheres auf S. 78.) Es sind nun folgende Fälle möglich:

a) Das Reinvermögen ist größer als das Grundkapital oder Stammkapital. Dann ist nach § 5, Absatz 1 der Verordnung über die Goldbilanz bei Aktiengesellschaften, Kommanditgesellschaften auf Aktien oder Gesellschaften mit beschränkter Haftung entweder der Überschuß als Reserve in die Eröffnungsbilanz einzusetzen oder das Grund- bzw. Stammkapital entsprechend zu erhöhen. Beide Maßnahmen können auch verbunden werden, d. h. es kann ein Teil des Überschusses als Reserve eingestellt und außerdem das Kapital erhöht werden.

b) Das Reinvermögen ist, auch bei höchstzulässiger Bewertung der Aktiven, kleiner als das Grund- bzw. Stammkapital. Dann ist nach § 5, Absatz 2 der Bilanzverordnung entweder der Unterschied als Kapitalentwertungskonto unter die Aktiven einzustellen oder das Vermögen durch neue Einlagen bis zur Höhe des Betrages des Eigenkapitals (richtiger Grundkapitals) zu vermehren oder der Betrag des Eigenkapitals (Grundkapitals) entsprechend zu ermäßigen. Die Maßnahmen können miteinander verbunden werden.

Das Kapitalentwertungskonto darf nach § 6 der Bilanzverordnung nicht höher sein als neun Zehntel des Eigenkapitals (Grundkapitals). Die Gesellschaft ist verpflichtet, das Kapitalentwertungskonto innerhalb von drei Geschäftsjahren auszugleichen. Zur Tilgung sind der vorhandene Reservefonds sowie die Beträge zu verwenden, die gemäß § 262 des HGB. in den Reservefonds einzustellen wären; eine Verteilung von Gewinnen, auch Tantiemen od. dgl. aus dem Gewinn, ist unzulässig, solange ein Kapitalentwertungskonto besteht.

Im übrigen sei auf die im Anhang abgedruckte Verordnung selbst verwiesen.

Das Kapitalentwertungskonto bietet, wie bereits gesagt wurde, die Möglichkeit, eine endgültige Regelung der Kapitalverhältnisse noch hinauszuschieben. Mit Rücksicht darauf, daß eine endgültige Bewertung vieler Bilanzposten im Augenblick noch nicht möglich ist, daß überhaupt die wirtschaftliche Entwicklung zur Zeit noch völlig unübersehbar ist, dürfte es oft zweckmäßig sein, von dieser Möglichkeit Gebrauch zu machen.

## VI. Die Steuerbilanz.

Die vorbehandelte Goldbilanz ist eine Handels-Eröffnungsbilanz, die steuerliche Folgen zunächst nicht haben soll, soweit sich gegenüber der Vorbilanz lediglich zahlenmäßige Veränderungen infolge der Umbewertung der einzelnen Vermögensposten ergeben (§ 19 der Bilanzverordnung). Aber da diese Eröffnungsbilanz weiterhin die Grundlage für künftige Erfolg- (Gewinn-) Berechnung und entsprechende Besteuerung sein wird, so kann höhere oder niedrigere Bewertung des einen oder des anderen Vermögenspostens in der Eröffnungsbilanz, z. B. der Bestände an Rohstoffen, halbfertigen und fertigen Erzeugnissen, in der Zukunft doch steuerliche Folgen haben. Man wird jedenfalls auf diesen Umstand bei der Bewertung Rücksicht nehmen müssen. Hinzu kommt, daß die Steuernotverordnung vom 19. Dezember 1923 zum Zwecke der Vermögensbesteuerung eine Eröffnungsbilanz auf den 1. Januar 1924 vorschreibt und hierfür bestimmte Bewertungsvorschriften aufstellt. Die in dieser Bilanz eingesetzten Werte gelten als Anschaffungswerte bei der Feststellung des steuerbaren Einkommens im Jahre 1924. Werden etwa jetzt niedrige Werte eingesetzt, um keine zu hohe Vermögenssteuer zahlen zu müssen, so erscheint bei Vergleichung der nächsten Abschlußbilanz mit der jetzigen Eröffnungsbilanz das steuerbare Einkommen des abgelaufenen Jahres um so größer.

Die eben erörterte Steuer-Eröffnungsbilanz braucht mit der oben erörterten Handels-Eröffnungsbilanz nicht unbedingt übereinzustimmen, aber es liegt nahe, daß die Steuerbehörde beide Bilanzen vergleichen und auch in Zukunft auf sie zurückgreifen wird.

Vermögensabgabe, künftige Gewinnberechnung und die bei vielen Unternehmungen vorliegende Notwendigkeit zu möglichst hoher Bewertung der Vermögensgegenstände, vor allem auch die künftige Dividendenpolitik mit Rücksicht auf die Kapitalbeschaffung sind Forderungen, die z. T. einander widerstreben, und die eine recht sorgfältige Behandlung der neuen Goldbilanz verlangen. Schematisches Vorgehen, unterschiedslose Anwendung allgemeiner Regeln wäre falsch. Jeder einzelne Vermögensposten bedarf besonderer Überlegung. Auch von dem oft angewendeten Verfahren, Gruppen von Vermögensgegenständen summarisch nach dem gleichen Maßstabe zu bewerten, etwa nach dem Tagespreise, und zum Schluß auf das Ganze einen Anschlag, wiederum nach einheitlichem Maßstabe, zu machen, muß abgeraten werden. Es führt nicht zu richtiger Bewertung, da sich der Wert der einzelnen Vermögensgegenstände in den letzten Jahren sehr verschieden geändert hat, und wird im allgemeinen auch von der Steuerbehörde nicht anerkannt. Diese pflegt in solchen Fällen den Gesamtbetrag zu zergliedern und Teilbewertungen vorzunehmen.

Die Notwendigkeit, bei der Aufstellung der neuen Goldbilanz sich von erstarrten Formeln freizumachen und Posten für Posten auf Grund besonderer Überlegungen zu bewerten, muß mit allem Nachdruck betont werden. Gesichtspunkte für solche Überlegungen, keine Rezepte, zu geben, war der Zweck dieser kurzen Darstellung der Goldbilanz.

## VII. Verordnung über Goldmarkbilanzen.

Auf Grund des Ermächtigungsgesetzes vom 8. Dezember 1923 (RGBl. 1, S. 1179) hat die Reichsregierung unter dem 28. Dezember nach Anhörung der Ausschüsse des Reichsrates und des Reichstages die nachstehende Verordnung über Goldbilanzen erlassen.

§ 1.

1. Kaufleute, die zur Führung von Handelsbüchern verpflichtet sind, haben vom 1. Januar 1924 ab oder, falls das neue Geschäftsjahr mit einem späteren Zeitpunkt beginnt, von diesem Zeitpunkt ab das Inventar und die Bilanz in Goldmark aufzustellen.

2. Als Goldmark gilt der Gegenwert von $^{10}/_{42}$ des nordamerikanischen Dollars. Die Reichsregierung ist ermächtigt, eine andere Einheit festzusetzen.

§ 2.

1. Spätestens für den 1. Januar 1924 oder, falls das neue Geschäftsjahr mit einem späteren Zeitpunkt beginnt, für diesen Zeitpunkt sind ein Eröffnungsinventar und eine Eröffnungsbilanz im Sinne des § 39 des HGB. in Goldmark aufzustellen.

2. Für die Genehmigung und Veröffentlichung der Eröffnungsbilanz gelten die für die Jahresbilanzen maßgebenden Bestimmungen. Die im § 260 Abs. 2 des HGB. bestimmte Frist beträgt, auch soweit im Gesellschaftsvertrage etwas anderes festgesetzt ist, sechs Monate; sie kann durch das Gericht angemessen verlängert werden.

§ 3.

Auf die in Goldmark aufzustellenden Inventare und Bilanzen finden, soweit nicht in dieser Verordnung etwas anderes bestimmt ist, die allgemeinen nach dem Gesetz oder der Satzung geltenden Vorschriften Anwendung.

§ 4.

1. Auf die Eröffnungsbilanz einer Aktiengesellschaft oder einer Kommanditgesellschaft auf Aktien finden die Vorschriften des § 261 Nr. 1 des HGB. insoweit, als sie die Bewertung von Vermögensgegenständen mit einem höheren Werte als dem Anschaffungs- oder Herstellungspreis untersagen, sowie die Vorschriften des § 261 Nr. 2 und 3 des HGB. keine Anwendung. Für die Eröffnungsbilanz einer Gesellschaft mit beschränkter Haftung findet die Vorschrift des § 42 Nr. 1 des Gesetzes, betreffend die Gesellschaften mit beschränkter Haftung, keine Anwendung.

2. Die Vorschriften des Abs. 1 gelten auch für die Eröffnungsbilanz von Unternehmungen, deren Satzung die Anwendung der genannten Bestimmungen vorschreibt.

3. Übersteigt der in der Eröffnungsbilanz eingestellte Wert der im § 261 Nr. 1, 2 und 3 des HGB. sowie im § 42 Nr 1 des Gesetzes, betreffend die Gesellschaften mit beschränkter Haftung, bezeichneten Gegenstände den Anschaffungs- oder Herstellungspreis, und zwar in den Fällen des § 261 Nr. 3 und des § 42 Nr. 1 vermindert um einen der Abnutzung gleichkommenden Betrag, so ist der Unterschied in der Bilanz gesondert auszuweisen.

4. Für die Jahresbilanzen gelten die in der Eröffnungsbilanz eingesetzten Werte als Anschaffungs- oder Herstellungspreise im Sinne des § 261 Nr. 1, 2 und 3 des HGB. und des § 42 Nr. 1 des Gesetzes, betreffend die Gesellschaften mit beschränkter Haftung. Das gleiche gilt für die im § 333 Abs. 2 des HGB. vorgesehene Bilanz.

§ 5.

1. Übersteigt bei Aktiengesellschaften, Kommanditgesellschaften auf Aktien oder Gesellschaften mit beschränkter Haftung das bei der Aufstellung der Eröffnungsbilanz nach Abzug der Schulden sich ergebende Vermögen den Betrag des Grundkapitals oder des Stammkapitals (Eigenkapitals), so ist in der Bilanz entweder der Überschuß als Reserve einzustellen oder der Betrag des Eigenkapitals entsprechend heraufzusetzen. Die Maßnahmen können miteinander verbunden werden.

2. Übersteigt der Betrag des Eigenkapitals das bei der Aufstellung der Eröffnungsbilanz nach Abzug der Schulden sich ergebende Vermögen, so ist entweder der Unterschied als Kapitalentwertungskonto unter die Aktiven einzustellen oder das Vermögen durch neue Einlagen bis zur Höhe des Betrags des Eigenkapitals zu vermehren oder der Betrag des Eigenkapitals entsprechend zu ermäßigen. Die Maßnahmen können miteinander verbunden werden.

§ 6.

Das Kapitalentwertungskonto darf nicht höher sein als neun Zehntel des Betrages des Eigenkapitals. Die Gesellschaft ist verpflichtet, das Kapitalentwertungskonto innerhalb von drei Geschäftsjahren auszugleichen. Zur Tilgung sind der vorhandene Reservefonds sowie die Beträge zu verwenden, die gemäß § 262 des HGB. in den Reservefonds einzustellen wären; eine Verteilung von Gewinnen ist unzulässig, solange ein Kapitalentwertungskonto besteht. Die Durchführung des Ausgleichs ist dem Gericht anzuzeigen.

§ 7.

Eine nach § 5 vorgenommene Veränderung des Eigenkapitals ist Umstellung im Sinne dieser Verordnung.

§ 8.

Das Verhältnis der mit den Aktien und Geschäftsanteilen verbundenen Rechte zueinander wird vorbehaltlich näherer Regelung in den Durchführungsbestimmungen durch die Umstellung nicht berührt.

§ 9.

Werden im Falle der Heraufsetzung des Betrags des Eigenkapitals (§ 5 Abs. 1) neue Aktien oder Geschäftsanteile ausgegeben, so sind diese den Gesellschaftern auf ihr Verlangen entsprechend ihrem Anteil am Eigenkapital zuzuteilen, es sei denn, daß ein Dritter die Aktien übernommen und sich dabei verpflichtet hat, sie den Aktionären zum Bezug anzubieten. Das gleiche gilt für den Fall einer Kapitalserhöhung, die während des Bestehens des Kapitalentwertungskontos beschlossen worden ist.

§ 10.

1. Nach der Umstellung muß der Betrag des Eigenkapitals einer Aktiengesellschaft oder einer Kommanditgesellschaft auf Aktien mindestens fünftausend Goldmark, der einer Gesellschaft mit beschränkter Haftung mindestens fünfhundert Goldmark betragen.

2. Bei der Umstellung einer Aktiengesellschaft oder einer Kommanditgesellschaft auf Aktien müssen die Aktien und Interimsscheine auf einen Betrag von mindestens einhundert Goldmark, im Falle des § 180 Abs. 3 des HGB. auf einen Betrag von mindestens zwanzig Goldmark gestellt werden. Im Falle des § 180 Abs. 2 des HGB. kann ein Mindestbetrag von zwanzig Goldmark zugelassen werden.

3. Bei der Umstellung einer Gesellschaft mit beschränkter Haftung muß die Stammeinlage jedes Gesellschafters auf mindestens fünfzig Goldmark gestellt werden.

§ 11.

Eine Verminderung der Zahl der Aktien oder Geschäftsanteile aus Anlaß der Umstellung einer Aktiengesellschaft, einer Kommanditgesellschaft auf Aktien oder einer Gesellschaft mit beschränkter Haftung ist nur insoweit zulässig, als ohne sie die im § 10 für Aktien oder Geschäftsanteile vorgeschriebene Mindestgrenze nicht eingehalten werden könnte.

§ 12.

Soweit aus Anlaß der Umstellung einer Aktiengesellschaft, einer Kommanditgesellschaft auf Aktien oder einer Gesellschaft mit beschränkter Haftung Zahlungen an die Gesellschafter zu erfolgen haben, sind ihnen auf Antrag auf den Inhaber lautende Genußscheine in Höhe ihres Zahlungsanspruchs auszuhändigen. Die Genußscheine gewähren kein Stimmrecht, jedoch einen Anspruch auf entsprechende Beteiligung am Reingewinn der Gesellschaft und im Falle der Auflösung der Gesellschaft einen Anspruch in bezug auf das zu verteilende Gesellschaftsvermögen. Die Beteiligung am Reingewinn darf durch Kapitalerhöhungen nicht verkürzt werden. Die Genußscheine können unter Einhaltung einer Kündigungsfrist von drei Monaten von der Gesellschaft frühestens zum Ablauf des dritten auf die Ausstellung folgenden Geschäftsjahres, von dem Inhaber zum Schluß eines jeden Geschäftsjahres gekündigt werden. Die Ausgabe der Genußscheine bedarf nicht der staatlichen Genehmigung.

§ 13.

1. Bei Aktiengesellschaften haben die Mitglieder des Aufsichtsrats die Eröffnungsbilanz und den Hergang der Umstellung zu prüfen. Über die Prüfung ist der Generalversammlung von dem Vorstand und dem Aufsichtsrat schriftlich Bericht zu erstatten. In dem Bericht sind die wesentlichen Umstände darzulegen, die für die Bewertung der im § 261 Nr. 1 bis 3 des HGB. bezeichneten Gegenstände maßgebend gewesen sind.

2. Die Generalversammlung kann mit einfacher Stimmenmehrheit die Bestellung von Revisoren zur Prüfung der Eröffnungsbilanz oder zur Prüfung des Hergangs der Umstellung beschließen. Ist in der Generalversammlung ein Antrag auf Bestellung von Revisoren zur Prüfung der Eröffnungsbilanz oder zur Prüfung des Hergangs der Umstellung abgelehnt worden, so können auf Antrag von Aktionären, deren Anteile zusammen den zehnten Teil des Grundkapitals erreichen, Revisoren durch das Gericht, in dessen Bezirk die Gesellschaft ihren Sitz hat, ernannt werden. Die Vorschriften des § 266 Abs. 2, Abs. 3 Satz 2, Abs. 4 Satz 1 sowie des § 267 des HGB. finden Anwendung.

3. Diese Vorschriften gelten für Kommanditgesellschaften auf Aktien mit der Maßgabe, daß die Berichterstattung (Abs. 1 Satz 2) durch die persönlich haftenden Gesellschafter zu erfolgen hat.

§ 14.

1. Wegen einer Überschuldung, die sich bei der Aufstellung der Eröffnungsbilanz ergibt, die Eröffnung des Konkursverfahrens zu beantragen, ist der Vorstand einer Aktiengesellschaft nicht verpflichtet, solange die Frist für die Umstellung läuft. Das

gleiche gilt für die persönlich haftenden Gesellschafter einer Kommanditgesellschaft auf Aktien und für die Geschäftsführer einer Gesellschaft mit beschränkter Haftung.

2. Während der im Abs. 1 genannten Frist findet die Vorschrift des § 240 Abs. 1 des HGB. keine Anwendung.

§ 15.

1. Die Anmeldung des Beschlusses der Generalversammlung über die Umstellung einer Aktiengesellschaft, einer Kommanditgesellschaft auf Aktien oder einer Gesellschaft mit beschränkter Haftung zum Handelsregister hat binnen sechs Monaten nach Abhaltung der Generalversammlung zu erfolgen, in der die Abänderung des Gesellschaftsvertrages beschlossen worden ist.

2. Handelt es sich um eine Aktiengesellschaft oder eine Kommanditgesellschaft auf Aktien, so ist bei der Anmeldung der Prüfungsbericht (§ 13 Abs. 1) vorzulegen.

§ 16

bedroht die Unterlassung vorgeschriebener Anmeldungen oder Anzeigen mit der Eintragung der Nichtigkeit der Gesellschaft.

§ 17

behandelt die Neugründung von Kapitalgesellschaften.

§ 18.

Die im § 10 Abs. 2 und im § 17 Abs. 2 und 3 genannten Beträge treten an die Stelle der im § 180 des HGB. vorgesehenen Mindestbeträge.

§ 19.

1. Die infolge der Aufstellung der Eröffnungsbilanz, insbesondere infolge der Umstellung, sich ergebenden lediglich zahlenmäßigen Veränderungen in dem Vermögen der im § 1 bezeichneten Kaufleute sowie deren Gesellschafter gegenüber den für die Besteuerung maßgebenden Werten begründen für die Einkommensteuer, Körperschaftssteuer und Vermögenssteuer der vorangegangenen Steuerjahre keine Steuerpflicht. Die infolge der Umstellung sich ergebenden lediglich zahlenmäßigen Veränderungen in dem Vermögen der im § 5 bezeichneten Gesellschaften sowie deren Gesellschafter unterliegen keiner Kapitalverkehrssteuer.

2. Wird im Falle des § 5 Abs. 2 ein Kapitalentwertungskonto in die Bilanz eingestellt, so dürfen die zu seiner Tilgung verwendeten Beträge vom steuerbaren Einkommen nicht abgezogen werden; § 7 Nr. 3 des Körperschaftssteuergesetzes findet insoweit keine Anwendung.

3. Wird im Falle des § 5 Abs. 2 das Vermögen durch neue Einlagen bis zur Höhe des Eigenkapitals vermehrt, so findet auf die zur Vermehrung bewirkten Zahlungen und Leistungen die Vergünstigung des § 13 zu b des Kapitalverkehrssteuergesetzes keine Anwendung; das gleiche gilt für Zahlungen und Leistungen, die zur Tilgung des Kapitalentwertungskontos bewirkt werden.

4. Der Erwerb der im § 12 bezeichneten Genußscheine durch den ersten Erwerber ist von der Gesellschaftssteuer des Kapitalverkehrssteuergesetzes befreit.

# Literaturverzeichnis

## für Goldrechnung und Goldbilanz.


Behnsen, Dr., u. Genzmer, Dr.: Die Ausschaltung des Währungsrisikos. Leipzig 1923.

Beutner, Dr. W., Magnus u. Beutner, Dr. J.: Geldwert und Indexzahlen. Berlin.

Buxbaum, Dr. R.: Die Anlagewerte in der Bilanz bei schwankender Währung. Frankfurt a. M. 1923.

Geldmacher, Dr. E.: Wirtschaftsunruhe und Bilanz. Teil I: Grundlage und Technik der bilanzmäßigen Erfolgsrechnung. Berlin 1923.

Heberle, H.: Geldwertänderung und Bilanz. Stuttgart 1921.

Hellwig, A.: Neuzeitliche Selbstkostenberechnung. Berlin 1923.

Kalveram, Dr. Wilh.: Die kaufmännische Rechnungsführung unter dem Einfluß der Geldentwertung. Berlin 1923.

Leitner, Fr. Prof.: Finanz- und Preispolitik bei sinkendem Geldwert. Frankfurt a. M. 1923.

Löwenstein, Dr. R.: Kalkulationsgewinn und bilanzmäßige Erfolgsrechnung in ihren gegenseitigen Beziehungen. Leipzig 1922.

Mahlberg, W. Prof.: Die Notwendigkeit der Goldmarkverrechnung im Verkehr. Leipzig 1922.

– Bilanztechnik und Bewertung bei schwankender Währung. Leipzig 1922.

Mügel, O.: Die Goldmark als Rechnungswert. Berlin 1923.

Nertinger, Josef: Goldmarkbuchführung und Goldmarkbilanzen. Stuttgart 1922.

Nitschke, Bruno: Goldmarkbuchführung. Wie buche ich Fremdwährung, Gold-, Renten-, Papiermark, Goldanleihe und Dollarschätze. Anhang: Devisengeldkurse. Berlin 1924.

Prion, W. Prof.: Finanzierung und Bilanz wirtschaftlicher Betriebe unter dem Einfluß der Geldentwertung. Berlin 1921.

Römer, A.: Die Werterhaltung in der Unternehmung. Berlin 1923.

Schmalenbach, Eugen Prof.: Goldmarkbilanz. Berlin 1922.

Schmidt, F. Prof.: Der Wiederbeschaffungspreis des Umsatztages in Kalkulation und Volkswirtschaft. Berlin 1923.

– Geldentwertung und Bilanz. Frankfurt a. M. 1922.

Schulz-Mehrin, Die Umstellung auf Gold in der Selbstkostenberechnung, Preisberechnung und Bilanzierung. Berlin 1924.

Sommerfeld, Heinrich Prof.: Die Goldmarkbuchführung. Grundlagen und Technik. Berlin 1923.

Stertz, Fabrikdirektor: Die Ausscheidung des Scheingewinnes. Leipzig-Möckern.

Sträter, Leo: Papierwert- und Sachwertbuchhaltung.

Verordnung über Goldbilanzen vom 28. Dezember 1923. Textausgabe mit einer Einleitung von Franz Schlegelberger. Berlin 1924.

Wichert, A. Ing.: Die Grundmarkrechnung und ihre Anwendung auf Bilanzen. Frankfurt a. M. 1923.

Wolff, R.: Die Goldwertrechnung als gesetzgeberische Maßnahmen gegen die Wirkungen des Währungsverfalls im Privatrecht. Berlin 1923.

GPSR Compliance

*The European Union's (EU) General Product Safety Regulation (GPSR) is a set of rules that requires consumer products to be safe and our obligations to ensure this.*

*If you have any concerns about our products, you can contact us on ProductSafety@springernature.com*

In case Publisher is established outside the EU, the EU authorized representative is:

Springer Nature Customer Service Center GmbH
Europaplatz 3
69115 Heidelberg, Germany

**Batch number: 10844675**

Printed by Printforce, the Netherlands